17 RECEITAS DE SUCESSO

O segredo do sucesso dos principais líderes empresariais capixabas

RONALD Z. CARVALHO
Organizador

17 RECEITAS DE SUCESSO

O segredo do sucesso dos principais líderes empresariais capixabas

PATROCÍNIO

BANESTES ArcelorMittal cia. de Freud

CIP-BRASIL. CATALOGAÇÃO-NA-FONTE
SINDICATO NACIONAL DOS EDITORES DE LIVROS, RJ

S458

17 receitas de sucesso / Ronald Z. Carvalho (org.). - Rio de Janeiro : Companhia de Freud, 2012.
202p.

ISBN 978-85-7724-106-4

1. Marketing - Administração 2. Sucesso 3. Motivação no trabalho. 4. Empresários - Espírito Santo (Estado). I. Carvalho, Ronald Z.

12-6842. CDD: 658.8
CDU: 658.8

19.09.12 04.10.12 039274

Agradecimentos

Em primeiro lugar, quero agradecer a estes dezessete empresários exemplares que, com coragem e humildade, expuseram suas vidas em benefício daqueles que desejam apreender e/ou aperfeiçoar seu desempenho enquanto empreendedores. A todos e, em particular, a Otacílio Coser - patrono deste livro por escolha de seus pares e merecimento indiscutível - meu agradecimento pessoal e de toda equipe que trabalhou neste livro.

Em segundo lugar, agradeço a Vladimir Godoy, amigo e parceiro de vinte anos, de cujo brilhante programa "Negócios de Sucesso", e de sua promoção dos líderes capixabas, veio a inspiração.

Em terceiro lugar, Gracinha Pinheiro, companheira e colaboradora de fato deste projeto, e - ela mesma - uma líder de sucesso em seu próprio negócio.

Em quarto lugar, à equipe da CM - Consultoria de Marketing - capitaneada por Christine Mendonça, que deu todo o apoio de marketing, logístico de produção, imprensa e controles de todo o projeto. Em particular Rafaela Lacerda, que, além do seu papel na CM, fez a ponte de ligação com os líderes e praticamente me secretariou e apoiou. Paula Cassani, Mirella Polese, Priscila Barcelos, Marianny Gomes, obrigado!

A Carol Veiga, cujos livros da série "Espírito Santo Empreendedor" serviram de material fundamental de informação para este livro.

Finalmente, agradeço à equipe de texto e produção, mostrada nos créditos, à Grafitusa e a todos que nos apoiaram nesta dura empreitada!

Vitória, 30 de outubro de 2012.

Ronald Z. Carvalho

SUMÁRIO

A lição de um líder

Este é o livro que eu gostaria de ter escrito. Um livro que revela o segredo dos principais líderes da nossa terra mostrando como eles alcançaram o sucesso, um legado para os novos empreendedores, uma verdadeira lição de liderança.

O que você pode aprender com os melhores empresários do Espírito Santo para se tornar um executivo empreendedor? Tudo, principalmente a essência do líder. Neste livro você vai saber qual é o "pulo do gato" e o que eles criaram de diferente para fazer a diferença. Com certeza você está pensando que esses empresários têm um talento muito raro para liderar pessoas, realizar grandes negócios, ter um toque de Midas e ganhar muito dinheiro. Deve achar também que eles são predestinados ao sucesso e, ainda por cima, que Tio Patinhas é o anjo da guarda deles. Você está redondamente enganado. Eles são normais. Por favor, acredite em mim, o segredo desses homens, sem exceção, é que eles trabalharam duro para conseguir conquistar o seu espaço no mundo dos negócios. Souberam aproveitar cada momento das suas vidas dedicando-se por completo às suas empresas. Enfim, eles pagaram um preço muito caro por isso.

Os Segredos dos melhores Líderes Empresariais do Espírito Santo vai, definitivamente, abrir as portas para você. O objetivo maior desses empreendedores é a busca da excelência para conquistar seus objetivos. Por isso eles tratam as pessoas com profundo respeito, com muita educação. Eles sabem extrair do fundo da alma dos seus colaboradores a energia vital para atingir as metas desejadas. Eles são os melhores entre os melhores quando se trata de ganhar dinheiro e conquistar o poder. Eles são insatisfeitos, querem mais, sempre mais. Não se contentam com menos. Exatamente por isso que você tem que aprender com os nossos líderes.

Se você quiser pensar e agir como eles, você vai ter que ler intensamente este livro. Esta vai ser a chave mágica que vai abrir as portas para o seu sucesso. O objetivo desta obra é ser uma ferramenta útil para quem pretende desenvolver as habilidades necessárias para ser um excelente empresário ou se tornar um líder de fato. Veja bem, o que você vai ver aqui não é uma publicação de autoajuda, não é nenhuma regra de ouro, nem tampouco uma fórmula mágica. É vivência pura, muito trabalho, muita energia e muita vontade de vencer. Você vai conhecer homens incansáveis na materialização dos seus desejos. Vai saber mais sobre como eles agem com suas equipes de trabalho e por que seus funcionários suam a camisa por ele e pela sua empresa. Acredite, o segredo do sucesso dos nossos líderes é que eles são "fenômenos", e todos, sem nenhuma exceção, têm algo em comum: gostam de gente, têm uma boa família constituída e amam a vida.

Portanto, prepare a sua mente e o seu coração para mergulhar nas profundezas da alma de pessoas vencedoras. E no fundo, bem no fundo, você vai descobrir que eles não querem dinheiro, eles querem fazer a coisa certa, e por isso serem reconhecidos. O dinheiro, quando vem, é uma consequência disso tudo.

Vamos às lições... Pela mão de Ronald Z. Carvalho e sua equipe...

Vladimir Godoy
Jornalista

Otacílio José Coser e o Grupo Coimex

A maior malandragem é ser honesto

Não é raro encontrar Otacílio Coser às dez horas da noite no aeroporto Eurico de Aguiar Salles, sozinho, alegre, carregando sua mala de mão, cheio de fé e energia. Entre São Paulo e Vitória, o jovem Otacílio, 85 anos em 2012, preside o Conselho de Administração de um dos principais grupos econômicos do Espírito Santo, um dos maiores conglomerados de serviços de logística e infraestrutura e, de quebra, uma enorme família maravilhosa! O segredo? Fé, cremos. Uma crença inabalável no trabalho e no futuro, que não vem de graça, constrói-se com amor. Onde quer que esteja, tem sempre uma palavra ou um gesto de carinho a todos que o rodeiam. Enérgico e agressivo no trabalho, não perde nunca a gentileza e a elegância.

Otacílio José Coser se notabilizou, entre outras coisas, como fundador do Grupo Coimex, mas sua carreira no mundo dos negócios começou muito antes - e muito cedo -, quando assumiu uma corretora de café em Vitória, com apenas 21 anos. Em 1953, ele chama os irmãos Gercino, Jair e Lairton para trabalharem juntos na Otacílio Coser & Cia., empresa que leva seu nome e, anos mais tarde, se transforma no segundo maior grupo do Espírito Santo. A atuação da empresa passa a se estender também para os mercados nacional e internacional e, depois de uma grande crise do ramo cafeeiro em 1968, funde-se às firmas sobreviventes, formando a Unicafé, maior exportadora de café do país, que hoje pertence a seu irmão Jair Coser.

Figura bastante empenhada no desenvolvimento do estado, Otacílio Coser, sobretudo a partir de 1970, começa a se organizar com outras personalidades para esboçar aquilo que se tornaria o Fundap, cuja implementação se deu no governo de Cristiano Dias Lopes, governador capixaba que encampou o projeto. Já no ano seguinte começam a se ver os frutos dessa vigorosa ideia com a Blomaco S/A, que cresce exponencialmente, abrindo, inclusive, uma filial em São Paulo.

Sobre essa firme fundação, nosso empresário viaja, em 1973, junto com dois engenheiros, para observar, sem se encantar com o que foi encontrado, novos sistemas de fabricação de fios de cobre. É nesse mesmo ano, aliás, que vai ao Havaí para conhecer plantações de abacaxi e o processo de fabricação dela enlatada. O empresário investe pesado na produção da fruta pela Agrosuco, comprada por incentivo do Bandes pouco antes. Mas, quando parecia que os produtos provenientes desse negócio viriam com força, ocorre um sério problema na lavoura, que produziu frutas muito irregulares, ocasionando a perda de toneladas de abacaxi e o fechamento da fábrica - depois, obviamente, de indenizar todos os produtores com quem havia contrato firmado.

Esse é só um dos exemplos da movimentada década de 1970 para

Otacílio Coser; pois, em 1979, aquele que talvez seja seu principal empreendimento até então, ganha corpo: funda-se a Coimex Trading para importação de produtos químicos, azeite, bacalhau etc. Três anos depois, seus filhos - Otacílio Filho, Evandro, Cláudio e Bernadette Coser - já trabalhavam com ele, sendo ambientados no mundo dos negócios na Vitoriawagen, também sob seu controle na época, e na Coimex Trading - que, além de importar inúmeros produtos, também exportava café.

Durante o governo de Fernando Collor de Mello, graças a uma ampla abertura do mercado de importações, a Coimex começa a crescer de maneira mais evidente. Apesar de algumas dúvidas de outrem diante do sistema Fundap, alegando necessidade de estudar melhor o assunto, em 1993 a empresa começa a atuar na importação de veículos, começando com um número aparentemente modesto de 180 veículos e chegando à importação de 80.000 em 1995, boom propiciado pelas medidas do ministro da Fazenda à época, Ciro Gomes. Havia, claro, alguma inquietação no que diz respeito ao sistema portuário, mas a Coimex Armazéns Gerais dava conta de abarcar as importações por meio de seus armazéns e pátios alfandegados, que depois viriam a encontrar forte concorrência, haja vista o enorme sucesso alcançado em pouco tempo. Em 1997, um fato importante é a criação, com outros empresários, da Coimex Internacional S/A, em 2001 renomeada Cisa Trading, com filial em São Paulo. Entre 2008 e 2009, o Grupo encerra as atividades de exportação de commodities que exercia por meio da Coimex Trading e passa a focar seus investimentos em infraestrutura e logística.

A partir de 2010, o Grupo aprofunda sua decisão acercando-se de negócios com riscos menores, mantendo-se na importação com a Cisa, no ramo de portos com a Embraport e a Companhia Portuária de Vila Velha (CPVV), no empreendedorismo com a Coimex Capital e Coimex Consórcios - Consórcio Viwa, produzindo energia com a Companhia Energética de Petrolina (CEP), administrando o Sistema Rodovia do Sol com a Concessionária Rodovia do Sol (Rodosol) e a Tegma Gestão Logística S/A, uma das maiores empresas de logística e transportes do Brasil, sendo a maior no transporte de carro 0 km e e-commerce do Brasil.

A participação do Grupo em todos esses negócios é controlada por meio da holding Coimex Empreendimentos e Participações LTDA (Coimexpar), tendo sua gestão profissionalizada e focada no desenvolvimento de novos negócios nas áreas de logística e infraestrutura. Além disso, já com 85 anos, o empresário continua trabalhando ativamente no Grupo Coimex como presidente do Conselho de Administração da Coimexpar, tendo recebido vários prêmios e títulos das mais diversas ordens e, o mais importante, sem a menor vontade de pendurar as chuteiras.

RECEITA DE SUCESSO

Depois de algum tempo de entrevista com Otacílio Coser, a nota que fica (porque deve mesmo ficar) parada vibrando no ar é: "O primeiro prejuízo é sempre o menor". Poderia o leitor desavisado imaginar, diante de tão lapidar afirmação, que o primeiro prejuízo sempre se revela o menor porque prenuncia, em sequência, prejuízos cada vez maiores. Engana-se quem leva adiante esse tipo de interpretação, esquecendo-se, sobretudo, de que o enunciador da sentença é Otacílio Coser - e isso talvez seja o aspecto mais fundamental dessa lição. Na voz desse empresário arrojado, o sentido só poderia ser completamente outro (e, diga-se, muito positivo): já que o primeiro prejuízo é sempre o menor, deve-se assumi-lo, levantar-se com determinação e levar adiante, honestamente, o trabalho. Não se deve, assim, temer abrir mão de um negócio quando se mostra infrutífero; caso contrário, o ditado pode se voltar à sua acepção mais negativa - e o primeiro tropeço acaba, sim, profetizando uma profusão de novos tropeços. Diria o empresário: "Outra coisa importante é, toda vez que o negócio não vai bem (pode ser o negócio que for), aceite vendê-lo pela metade. Perca logo: o primeiro prejuízo é o menor. Uma empresa se faz com liderança".

Há dois casos bastante exemplares vividos pelo empresário que ele narra com prazer para encorpar sua receita de sucesso. O primeiro diz respeito à Chocolates Vitória, empresa fundada por ele e alguns companheiros que, assim que começou a dar mostras de prejuízo, foi vendida pela metade do preço: "Nós construímos, junto com outros companheiros, uma fábrica de chocolates chamada Chocolates Vitória. Não levou dois anos vendemos a empresa pela metade, senão ela ia quebrar. E, de fato, logo depois ela entrou em concordata". O segundo, mais emblemático, ocorre durante a década de 1980, e ilustra perfeitamente esse lema de Otacílio Coser: "Em 1980, com aquela história do Pró-Álcool, Arthur Gerhardt era o governador, e São Mateus era muito pobre, não tinha nada lá. Arthur me sugeriu: 'Vai lá em São Mateus, faz uma usina de álcool lá. Tem o Pró-Álcool, temos recurso, tem o Fundap. Você pode comprar até com dinheiro do Fundap'. Comprei a terra e fiz a usina. Um, dois anos, e a usina era maravilhosa. No terceiro ano, porém, o setor entrou em crise. Quando eu vi que a política do Governo Federal não daria sustentação ao setor, chamei um grupo de São Paulo e falei: 'Tenho uma usina novinha aqui, ela me custou U$ 15 milhões na época. Quanto vocês pagam?'. Ele disse que pagava U$ 7 milhões. Vendi, por menos da metade do preço. Não deu um ano, eles quebraram, e com um prejuízo muito maior. Ou seja, aquele primeiro prejuízo foi o menor".

Mas isso é apenas uma breve pitada (embora bastante concentrada e saborosa) da receita de sucesso que desfila pelas páginas da biografia da personalidade em questão. Quando perguntado sobre o que diria a seus netos e bisnetos caso tivesse de oferecer-lhes uma receita para ter um grupo empresarial tão bem sucedido como o que construiu, a resposta vem sem torneios: "Para ter sucesso tem que ter força de vontade e muito trabalho, ser correto, transparente e não perder oportunidades." Essa retidão de caráter é um dos aspectos mais valorizados por este empresário importantíssimo do cenário capixaba. A honestidade, aprendemos com ele, é um caminho fundamental, inclusive, para se alcançar a tão almejada credibilidade – palavra-chave no mundo dos negócios. Todo sucesso, a propósito, não depende, para ele, de sorte, mas da tomada de decisões na hora correta. Ele acredita que é melhor tomar uma decisão, independentemente de acertos ou equívocos, do que não tomar nenhuma, ficando refém das decisões alheias – ou até mesmo, por que não, da vida, que sabe ser cruel. É importante, diz o presidente do Conselho de Administração da Coimexpar, não perder oportunidades: "Como diz aquele ditado, se o cavalo passou arreado e você não montou, perdeu a vez".

Voltando um pouco à salutar questão acerca da honestidade que deve ser inerente a todo empresário, as palavras de Otacílio Coser são precisas: "Eu tenho certeza de que a maior qualidade do empresário é sua retidão. Para mim, o que vale é a palavra". E, para exemplificar o especial destaque que esse quesito ganha na atuação profissional do empresário em pauta, vale a pena recordar uma história orgulhosamente contada por sua própria voz: "Eu sempre digo uma história. Em 1963, estavam em moda aqui no Brasil os tais chamados 'centros hospitalares': você montava o projeto, vendia os títulos e com eles construía o hospital. Então, eu caí no canto da sereia. Vendemos 15.000 títulos em 90 dias. Como a inflação naquela época do governo Goulart era 60% ao mês, e o título tinha preço fixo, os 4.000 títulos em pouco tempo não valiam nada. O dinheiro era insuficiente e a obra já havia começado. Quando eu vi que a coisa ia arrebentar, que a gente não ia poder cumprir com as finanças, tive um plano que foi o maior que já tive na minha vida. Eu chamei todos os corretores da época e disse: 'Olha, o centro hospitalar está em dificuldade. Infelizmente, ele vai ter que fechar. Ou ele fecha ou quebra. E vocês contem isso a todos os clientes, que eu vou quebrar.' Então, vendi o que podia e botei o dinheiro no cofre, junto com recursos que tinha acumulado de outros negócios. Quando a notícia correu, os compradores todos que tinham investido apareceram. Eu via do alto do prédio, e aquilo me apavorava: tinha mais de 500. Quando deu seis e meia da tarde, eu convoquei todos os bancos da época e falei: 'Estão vendo esse problema? Eu quero liquidar, não quero ficar preso a ninguém. Em que vocês podem me ajudar?'. Um falou que podia tentar ajudar, outro disse que ajudava com tanto, outro com outro tanto, e eu olhei para todos eles, abri o cofre e disse: 'Dinheiro para pagar eu tenho, e com folga. Eu preciso é de frente de dias para pagar isso'. O que aconteceu? Às oito da noite daquele dia (naquela época os bancos abriam das 11h30 até as 17h30) eu disse para eles abrirem das 8 horas até 23h30 que eu ia pagando. Para aqueles que não receberam eu mandei um cheque com por correio. Liquidei tudo. Perdi muito dinheiro, 80% do que tínhamos naquela época. Mas, dali em diante, eu vendia o que queria. Consegui credibilidade".

É curioso observar (e o empresário faz questão de apontar) como a honestidade, numa situação tão complexa como aquela que foi exposta há pouco, pode ocasionar coisa muito diversa do esperado prejuízo. Seria fácil concluir que, caso Otacílio Coser não cumprisse com as obrigações financeiras firmadas para a construção do centro hospitalar depois que se viu em maus lençóis, num primeiro momento não sofreria grandes perdas - uma vez que tinha bens de valor em sua posse. Contudo, quando decide abrir mão do que era necessário para impedir que a dívida se avultasse e perdurasse, pôs a perder, de imediato, boa parte do seu patrimônio. Essa escolha, que poderia parecer tola, acaba, no entanto, trazendo para ele um bem maior a que ele jamais poderia aspirar caso cedesse à tentadora possibilidade do calote: a credibilidade. Quando se lida com o comércio, e isso fica bem claro com a carreira de sucesso em que engrenou o empresário apesar desse breve momento conturbado, um dos elementos basilares para se conseguir atuar com segurança é a credibilidade como vendedor, negociante e, sobretudo, como pessoa de caráter. Hoje, certamente, todo aquele valor perdido por Otacílio Coser em 1963, quando abriu mão de seu patrimônio para não cair em descrédito no meio empresarial, se multiplicou vivamente. O pagamento da dívida virou, assim, uma espécie de investimento naquilo que é fundamental: a imagem. Não é à toa que essa figura do meio empresarial capixaba vive sendo reconhecida por sua solidez. Não é à toa, podemos dizer, que aos 85 anos de idade, não caiu de maneira alguma na obsolescência. Afinal, honestidade e caráter não perdem seu valor com a idade; ao contrário, fortalecem-se a cada dia, mais e mais - provando, ocasião a ocasião, sua preponderância diante das outras cifras da vida. Arremata o empresário: "Não é ser honesto por obrigação, é só isso que constrói. Se o homem soubesse quanto custa para ele ser honesto, ele pagaria o quanto fosse necessário para sê-lo".

Na verdade, como se pode ver, para ser honesto em situações tão periclitantes é preciso ser um tanto audaz, corajoso para abandonar uma determinada quantia agora para reavê-la mais adiante. Sobre isso, Otacílio Coser é bastante enfático: "Na vida tem que ter um pouco de coragem e, às vezes, um pouco de audácia. Não pode ser de mais nem de menos. Tem que ser pautada". E o exemplo para mais essa lição só poderia ser mesmo pinçado de sua firme carreira de sucesso: "Eu estava desempregado em 1947, o point de Vitória era a Praça 8. Eu estava sem emprego olhando para o tempo. Chegou um senhor e disse: 'Vai ficar aqui olhando pro tempo?'. Eu disse: 'Estou procurando um emprego, preciso trabalhar'. De tudo eu já tinha feito. O senhor [Lauro Laperriére] disse que tinha um escritório naquele prédio, mas que podia me pagar pouco, porque estava já com idade e adoentado. Dizia ele: 'Você pode aprender a profissão, a lidar com o café'. Topei e fui. Quando chegou em 1948, a doença dele se agravou. Então, ele me pede: 'Olha, me faz um favor? Eu estou doente. Não consigo nem ter dinheiro pra me tratar. Me dá um dia, de favor, Cr$ 2.500,00 a promissória que eu vou ao banco e desconto'. Quando eu vi que a coisa estava se agravando e que ele nem podia me pagar o salário, decidi que não dava mais e me despedi dele para voltar para o interior, de onde eu vim. Ainda no mesmo ano, me chegou um telegrama com uma notícia urgente: Lauro tinha morrido. Cheguei a Vitória com uma dívida de Cr$ 2.500,00, com 21 anos de idade. Cheguei numa segunda-feira, em cima de um caminhão, porque eu não tinha dinheiro. A viúva, Dona Arlete, foi comigo abrir o escritório e disse: 'Otacílio, sou pobre. Não tenho recursos para pagar a dívida, você então fica com o escritório'. Então fiquei com a sala, eu, um jovem do interior, mediando negócios como corretor de café. Trabalhei tanto que, já em 1949, era o maior corretor de Vitória. Tinha o melhor carro do ano, morava no melhor hotel. E ali a história começou". Não fosse por esta atitude um tanto audaciosa - ou um tanto corajosa -, talvez os rumos da economia capixaba não encontrassem uma base tão sólida como a fornecida por Otacílio Coser para obter ajuda no seu crescimento. Essa história fabulosa, que já dura mais de 60 anos, começou ali, de forma modesta, mas com uma postura necessariamente afirmativa, sem temores. "A vida", atesta aquele rapaz depois de mais de meio século, "tem coisas formidáveis".

Diante de toda essa experiência de vida, que passou inclusive por grande participação na fundação de duas empresas de primeira importância no mundo dos negócios capixaba - a saber, a Companhia Siderúrgica de Tubarão e a Aracruz Celulose (que, à época, ainda não levava esse sobrenome) -, Otacílio Coser deixa uma lição de suma importância para quem pretende se aventurar numa carreira empreendedora no mundo atual.

Não se deve conter a honestidade, mas a audácia e a coragem, de acordo com as palavras de Otacílio Coser, devem ser ponderadas. A dica, a receita, embora as tragam como ingredientes fundamentais, não se esquiva da dura face da realidade. É de fato inexorável que as empresas de produção se concentrem mais a cada dia, dominando todo o mercado de produção. A saída mais evidente é, portanto, procurar a prestação e criação de serviço, porque a produção está na mão de poucos e a tendência é ficar na mão de menos pessoas. A vida realmente tem coisas formidáveis, mas elas não cessam de mudar de lugar.

COMENTÁRIOS FINAIS

A visão empreendedora de Otacílio José Coser, como se pode vislumbrar nas próprias palavras que o empresário nos concede, nunca deixa de se atualizar. Vindo de um tempo em que as condições de trabalho ainda eram bastante precárias e o mundo dos negócios capixaba apenas engatinhava, o fundador do Grupo Coimex percebe mudanças fundamentais no mercado global como se apresenta hoje em dia. O caminho, em termos mais pragmáticos, é, atualmente, a prestação de serviços; mas a solidez que uma prestadora de serviços deve ter para alcançar uma posição de destaque no cenário empresarial não se consegue facilmente.

A história é, como se sabe, mãe da verdade. Assim, esses casos a que dedicamos alguns minutos de atenção para apreender uma ou outra proteína mais valiosa não perdem o caráter de símbolo por conta do tempo em que ocorreram. Desvelam, por outro lado, um fato inarredável: uma receita de sucesso, segundo Otacílio Coser, passa, sim, por uma necessária retidão de caráter, uma ponderada audácia e uma meticulosa coragem - sem esquecer a intuição fundamental para saber vender um negócio que vai mal pela metade do preço -, porém, nada disso consegue ser colocado em prática no jogo da vida empresarial sem uma sensibilidade e visão perfeitamente ajustadas ao ambiente em que se pisa. Os exemplos que vimos por essas páginas não se encerram, de maneira alguma, nas décadas de 1940, 1960 ou 1980. Ao contrário: manifestam, na verdade, um gesto de mais de 60 anos que se mantém vivo e profundamente conectado à realidade; são, por lições, uma receita de sucesso que se espraia em boa parte do século XX e não perde o vigor nesse multifacetado novo milênio.

Aylmer Chieppe e o Grupo Águia Branca

"Peito, coragem e disposição"

A história do Grupo Águia Branca mistura-se com a história econômica do Espírito Santo, e a história de Aylmer com a do grupo Águia Branca. Por sua vez, confundem-se também com a história dos imigrantes italianos no Brasil, responsáveis pelo empreendedorismo brasileiro desde o Espírito Santo até o extremo do Rio Grande do Sul. Homens e mulheres de luta e fibra, os italianos trouxeram do velho mundo o sangue novo do trabalho que construiu com a herança cabocla o formato do novo Brasil. Aylmer é assim, essa é sua raça e sua gente, e assim é que se constrói a sua receita.

O Grupo Águia Branca, um dos maiores grupos empresariais do Espírito Santo, já passa dos sessenta anos de existência, e sua concepção é muito digna de nota. Pode-se dizer que essa história, construída com qualidade e respeito, teve início quando Carlos Chieppe, filho primogênito de seu Giuseppe Chieppe, aos 40 anos, pegou dois contos de réis emprestados com a família para se estabelecer numa localidade chamada Córrego Estrela, em Colatina. Como na região era predominante a monocultura do café, Carlos compra uma tropa de burros para prestar, num gesto que hoje poderia ser considerado profético, serviços de transporte. Desse momento ainda modesto, o negócio se intensifica, ele adquire uma segunda tropa de burros e, em 1946, compra um caminhão Ford para transportar a colheita. A história da empresa, vejam, tem mesmo raízes na estrada.

No mesmo ano, contudo, surge uma oportunidade diferenciada, que muda radicalmente os rumos da história da família: Carlos Chieppe troca o caminhão, surpreendentemente, por um ônibus, mas ainda não sabia o que iria fazer com o veículo. Posteriormente, é informado sobre a necessidade de uma linha de coletivo entre Governador Valadares e Teófilo Otoni. Feita a troca, seguem para realizar o percurso um motorista e seu filho mais velho, Vallécio, com 17 anos, que trabalharia como cobrador. Depois de certo tempo de sucesso, comprou o segundo ônibus, mas apareceu uma empresa devidamente registrada para competir pelo mesmo trajeto, fazendo os Chieppe retornarem a Colatina com os dois ônibus e a lição de que precisavam registrar a linha. Em 1953, Aylmer Chieppe começa a trabalhar na empresa como cobrador. Junto de seu irmão Wander, Aylmer passa a acompanhar Vallécio nos trajetos entre Pancas e Colatina e entre Rio Novo e Colatina. Diante de tamanho empenho dos filhos no serviço de transporte, Carlos lhes transfere os bens da empresa e passa a se deter no comércio de café. Quando, pouco tempo depois, Vallécio se casa, fica com o ônibus reserva e dois lotes em São Silvano. Ficam nas mãos de Aylmer e Wander as linhas de Alto Rio Novo, Colatina e Pancas que, anos mais tarde, se fundiriam à empresa de Ônibus Águia Branca, oferecida a Vallécio em 1956, que a compra em sociedade com o farmacêutico João Godoy.

Daí em diante, embora a década de 1960 tenha sido especialmente conturbada em termos econômicos para os brasileiros, a empresa se fortaleceu. Em 1970, sua frota passou de 40 para 150 ônibus; além disso, expandiu os negócios ao adquirir a primeira concessionária Mercedes-Benz, em Governador Valadares. Nas décadas seguintes, há uma diversificação dos negócios comandados pela família Chieppe. Eles adquirem a Viação Capixaba, precursora da Vix Logística, e uma segunda revenda de veículos Mercedes-Benz, a Vitória Diesel.

Também é formatada a atual estrutura do Grupo Águia Branca: a holding Águia Branca Participações e as Unidades Passageiros, Logística e Comércio, compostas pelas empresas.

O pioneirismo dos anos 1940 legou, para a atualidade, um grupo em constante processo de expansão ainda encabeçado pela família Chieppe, na figura, por exemplo, de Aylmer, que atualmente é responsável pela presidência do Conselho de Administração, se dedica à empresa desde os primeiros percursos. Hoje, cercando-se de vários domínios na prestação de serviço - sobretudo, naturalmente, no que diz respeito ao transporte de passageiros e cargas -, o Grupo Águia Branca possui um volume de negócios anual perto dos 4 bilhões de reais, empregando quase 15 mil pessoas, com uma frota de mais de 6 mil veículos, além de 56 aeronaves. Tudo isso, como não poderia deixar de ser, sem perder o caráter sólido de uma família antes regida por seu Giuseppe que, agora, ainda mantém trabalho, dedicação e respeito entre seus principais valores. Não foi por acaso, portanto, que, em 2011, as realizações da família Chieppe no Brasil foram reconhecidas pelo governo italiano, que concedeu o título de Comendador da Ordem do Mérito da República Italiana a Nilton Chieppe, atual presidente da holding do Grupo Águia Branca.

RECEITA DE SUCESSO DE AYLMER CHIEPPE

Ao fim de uma entrevista com Aylmer Chieppe, ouve-se o lamento de que, hoje, muitos jovens entram no mercado de trabalho tardiamente. De fato, poucas alternativas se apresentam, legalmente, ao jovem que pretende iniciar uma carreira no mundo dos negócios; no entanto, estas palavras têm o valor de muitos anos e de um inestimável sucesso profissional: "É preciso começar cedo. Todas as pessoas conhecidas que tiveram sucesso começaram cedo".

É cedo, segundo Aylmer, que se encontram as primeiras dificuldades: "No começo as dificuldades foram muitas, sem dúvida. Falta de dinheiro, falta de crédito, falta de estudo, falta de organização, enfim, falta de tudo. Mas havia muita coragem e muita disposição". O princípio de seu trajeto na empresa, que coincide com os primeiros anos do negócio, também merece ser citado nas palavras do empresário: "A história é muito interessante porque, na verdade, a primeira compra não foi de um ônibus, foi de um caminhão. Depois este caminhão foi trocado por um ônibus, sem ter linha. Não havia linha nenhuma. Tinha um ônibus, mas não tinha linha. O Vallécio era cobrador e o motorista era contratado. Então ele começou a fazer o trajeto entre Governador Valadares e Teófilo Otoni, numa estrada ainda de chão. A partir daí, o negócio começou a dar tão certo que se comprou um outro ônibus".

Essa história que já parece prenunciar um futuro bastante promissor sofre, contudo, uma grande mudança diante de um acontecimento inesperado: "O que ocorreu é que outra empresa que tinha um pouco mais de clarividência foi ao Rio de Janeiro, registrou a linha entre Governador Valadares e Teófilo Otoni e entrou com ônibus novos e preço mais baixo. Conclusão: aquilo que era bom já não era mais, e os nossos ônibus tiveram que vir embora. Assim foi o começo da história da empresa". A primeira lição vem de um aprendizado diante do primeiro deslize. Continua Aylmer com sua lembrança: "Isso para nós foi um revés. Como tínhamos os ônibus, colocou-se uma linha urbana, em São Silvano. E, com certeza, não podia dar resultado. Mais adiante um pouco foi colocada à venda a linha de Pancas a Colatina, que era de um tio nosso. Foi comprada, então, a linha de Pancas a Colatina. E o Vallécio foi para lá na condição de motorista".

Daí em diante, sim, o negócio começou a crescer com mais firmeza. Um bar que a família tinha em Mantena, inclusive, foi trocado por um caminhão, que, em Santa Teresa, foi transformado em ônibus, no ano de 1952. Foi precisamente este ônibus, o dirigido por Vallécio na linha de Pancas. Até que surge, também, uma oportunidade de linha para Alto Rio Novo. O terreno, mais sólido, é então percorrido com mais segurança. Em 1954, o atual presidente do Conselho Administrativo do grupo é "promovido" a motorista, contando com veículos mais bem preparados, como o que Aylmer encontra quando começa a atuar como cobrador, um ônibus que contava com motor Chevrolet de lubrificação direta.

Aylmer conta que, em sua primeira noite em Barra de São Francisco, deparou-se com uma situação delicadíssima: "Naquela noite eu não dormi. Os nossos quatro ônibus estavam com problema. Dos quatro, podíamos contar com apenas dois carros. Naquela noite, consertamos tudo. Por isso, se você me pergunta sobre as dificuldades encontradas no começo, eu respondo: todas". Tem lugar até para uma anedota um tanto quanto cômica: "A garagem, naquela época, era, como se dizia, 'Garagem Estrela'. Era no tempo mesmo que os carros ficavam".

A aproximação da família Chieppe da Águia Branca ocorre, porém, em definitivo, em fins dos anos 1950 e início dos 1960. Em 1956, como se viu no breve histórico da companhia, a empresa de Ônibus Águia Branca é oferecida a Vallécio, que a compra junto com João Godoy, que quis vender sua parte mais tarde. Em 1960, os irmãos Aylmer e Wander compraram a parte de Godoy, trazendo, assim, a Viação Brasil para dentro da Águia Branca. O curioso nome da empresa, Águia Branca, provém desse negócio. Na origem, a primeira linha da empresa ligava o município de Águia Branca a Colatina; daí o nome Águia Branca. Agora, o símbolo águia branca remete à Polônia, cujos imigrantes fundaram o distrito (hoje município) de Águia Branca. Uma vez que os Chieppe compraram a empresa, mantiveram o nome - que é, de fato, bastante sugestivo e funcional em nível de propaganda -, colocando a primeira linha com destino a Colatina.

Essa recapitulação da história da empresa ajuda a resgatar a frase de Aylmer que é citada no início do texto: "É preciso começar cedo". O empresário, quando começou a lidar com os negócios da família, entrando de vez numa carreira empreendedora, era bastante jovem, o que o faz chegar a essa conclusão. Tendo isso como um dos princípios fundamentais para suas constatações a respeito de sua receita de sucesso, Aylmer Chieppe prossegue com a construção de uma receita baseada numa história muito bem sucedida. Diz ele: "Não tem receita: é peito, coragem, disposição". Isso fica bem claro desde os primeiros arranques de motor das máquinas da empresa, mas, depois de se confrontar com os primeiros problemas, ele lança um segundo ponto importantíssimo para que se obtenha sucesso no mundo dos empreendimentos: "É preciso ter uma visão do que deve acontecer no futuro, fazendo as coisas com objetividade". Essa objetividade, podemos inferir, diz respeito evidentemente ao leve deslize em que incorreram os negócios quando não registraram a linha, bem no princípio, entre Governador Valadares e Teófilo Otoni. Essa "visão de futuro", como se pode imaginar diante de tão sólida história, foi muito bem aprendida pela família Chieppe, sendo aliada de uma perspicácia um tanto intuitiva para prever os acontecimentos futuros. O exemplo que Aylmer nos concede é profundamente revelador: "O Brasil não faz mais estradas, e as que existem apresentam vários problemas de manutenção. Essa situação, aliada à queda dos preços das passagens aéreas, deixa claro que o passageiro, quando pode, acaba optando pela passagem de avião. O transporte aéreo é um campo em crescimento, logo a gente conclui que o futuro será do avião". Ora, não é nada à toa que a empresa regida por uma mente dotada de uma diferenciada capacidade de visão perspicaz do futuro já vem investindo na área dos transportes aéreos.

Se a pergunta destinada a Aylmer Chieppe pede um conselho para quem pretende iniciar-se no mundo dos negócios hoje, a resposta não é menos lúcida: "É possível começar hoje? Sim, é possível, mas não pode começar aqui, tem que começar onde não tem o negócio a ser empreendido. Tem que começar jovem, para se acostumar com o empreendedorismo" Há, segundo Aylmer, uma série de oportunidades espalhadas pelo território nacional e, por que não, do globo. O momento é, assim, de grandes oportunidades, desde que não se procure investir em determinado negócio numa região em que ele já está consolidado e, ainda, na mão de outras empresas que nele atuam há mais tempo. Por isso o empresário cita o começo: procuraram-se sempre alternativas em localidades que careciam dos serviços que a empresa tinha a oferecer. "A tendência natural das pessoas", continua, "é de se manter em sua zona de conforto, permanecer na cidade onde nasceu, onde tem amigos, família... Mas é preciso sair da zona de conforto, porque, além de tudo, toda mudança é boa. É verdade. Porque, toda vez que se muda de lugar, quando se vai começar do zero, os erros do passado são evitados. Assim dá para evitar o que não deu certo, o que não agradava". Com algum saudosismo, ele afirma comprovando sua própria teoria: "Inclusive, eu sou o elemento da empresa que mais se mudou". Além disso, esse fator geográfico - o empresário não deixa esquecer - é um fator de expansão; indica, o crescimento físico de uma empresa. O cenário do Espírito Santo, para focalizarmos um pouco o solo capixaba, é, para Aylmer, muito favorável, o que o leva a afirmar que é possível, sim, começar uma empresa nova, desde que se saia da tal "zona de conforto".

Depois de todo esse vasto percurso de trabalho, os filhos dos Chieppe, hoje, têm uma empresa pronta nas mãos, e são responsáveis, de agora em diante, por seu constante crescimento. Além da mão forte e experiente dos pais e tios guiando-os nos primeiros passos na carreira, os herdeiros da empresa tiveram muito mais oportunidades para se preparar teoricamente para o mundo dos negócios em que já se inserem. Carregam, ainda, a responsabilidade de levar adiante a firme tradição da família ou, como diz Aylmer, "a família com g, a *famiglia*". Este aspecto da herança italiana que corre forte entre os Chieppe, é também um ponto bastante valorizado por um empresário que, no começo da empresa, levava uma enxada em cima do ônibus caso ele atolasse nas precárias estradas de chão da época. Aliás, como ele próprio afirma, "quando se começa uma atividade nova, paga-se para aprender".

Contudo, a questão levantada por Aylmer logo no começo da entrevista merece ser citada já ao cabo desta valiosa receita de sucesso. Seu ponto inicial era: "História de empresário é tudo igual". Mas, à medida que vai contando, aconselhando e rememorando fatos antigos, casos exemplares, vê-se que a conclusão é bastante contrária; afinal, no meio dos negócios não existe uma teoria rígida a ser seguida, o que existe de mais importante é a prática. Lendo sobre as dificuldades e os acertos que Aylmer Chieppe nos narra, criamos, pois, uma base relevante de aprendizado, de um aprendizado em constante mudança, sempre para melhor. E, diga-se, diante de tantas nuances, história de empresário não é mesmo sempre igual.

COMENTÁRIOS FINAIS

A história de sucesso de Aylmer Chieppe - figura proeminente não só dentro do Grupo Águia Branca, mas também na família que, no Brasil, teve origem, ainda no século XIX, com seu Giuseppe -, deixa lições bastante evidentes e de uma ordem muito prática, oferecendo um aprendizado com os erros e acertos de uma empresa que alcançou um posto elevadíssimo na economia capixaba. Todo o destaque conseguido remete, naturalmente, às palavras repetidas pelo empresário: "Tem que ter peito, coragem e disposição".

Esse panorama temporal que o Grupo Águia Branca contempla, cobrindo mais de sessenta anos da história do empreendedorismo nacional, dá mostras de que a natureza expansiva da prestação de serviços na área de transporte encontrou plena ressonância numa mente que se colocou em constante mudança - e, portanto, em constante aprendizado e evolução –, tendo sempre uma visão do mundo dos negócios que procura, intuitivamente, antecipar alguns passos.

O mais importante, contudo, talvez seja observar como as oportunidades nunca se extinguem por completo. Em vez disso, localizam-se apenas fora da zona de conforto em que tendemos a ficar estagnados. Como aprendemos com Aylmer, é em direção a essas oportunidades, em regiões que apresentam um terreno fértil e ainda pouco explorado, que se devem dirigir a coragem, a disposição e a visão perspicaz de um legítimo empreendedor.

Osvaldo Dadalto e o Grupo Dadalto

Da semente nasceu o bosque

Emoção é a força e a fraqueza de Osvaldo Dadalto. Da emoção ele tira a força com que liderou, juntamente com seus irmãos, o Grupo Dadalto, um dos mais representativos do Espírito Santo, e agora também em outros Estados do Brasil. Não se enganem, porém, com a sua fraqueza, pois, pela emoção, ela também é geradora de força. É apenas uma forma de falar do amor e carinho que Osvaldo dedica à família, aos colaboradores e a tudo o que representa o Grupo Dadalto. Líder empresarial, ele também exerce o papel de pai que, no entanto, o obrigou em vários momentos da sua vida a renúncias para dedicar-se à sua grande missão: a construção de um sólido grupo empresarial.

"Meu pai plantou uma árvore e nós a transformamos em um bosque. Meu sonho é que nossos sucessores transformem o Grupo Dadalto numa grande floresta." Palavras empreendedoras.

E que bosque! A começar pelas lojas mais completas do estado, Dadalto Lojas de Departamento e D&D Home Center. A Dadalto possui atualmente 39 unidades, sendo 25 no Espírito Santo e 14 em Minas Gerais, oferecendo aos seus clientes mais de 15.000 diferentes itens nos segmentos de utilidades doméstica, presentes, cama, mesa e banho, eletrodomésticos, eletrônicos, portáteis, informática, telefonia, brinquedos, automotivo e fitness. A rede D&D Home Center, especializada em material de construção, possui nove lojas no Espírito Santo e duas em Minas Gerais, oferecendo aos seus clientes mais de 20.000 diferentes itens. Juntas, as duas redes de lojas totalizam 50 unidades com uma área de vendas de 60.000 m^2. Enfim, um mundo!

Santa Luzia, onde tudo começou em 1937, foi ficando pequena após inaugurar lojas em Castelo (1956), Cachoeiro de Itapemirim (1963) e Vitória (1972). Osvaldo relembra emocionado: inaugurar a loja de Vitória foi o maior evento comercial realizado na época, no estado. Ficou conhecida pela publicidade como o "Dia D", quando a loja foi literalmente invadida pelos clientes num alvoroço na cidade de Vitória, e uma "vitória" para a família Dadalto, que começava a experimentar grandes desafios.

Osvaldo, libriano, foi o 7º filho a nascer de um total de 13. Natural de Santa Luzia, nasceu 3 meses após seu pai ter aberto o "primeiro botequim", um comércio de secos e molhados, hoje transformado num Grupo Empresarial composto pelas empresas Dadalto Lojas de Departamento, D&D Home Center da Construção, Dacasa Financeira, Promov e FEAD (Fundação Educacional Antônio Dadalto). Ao todo o grupo emprega mais de 5 mil colaboradores.

A Dacasa Financeira, inaugurada em 1982 é hoje a maior instituição financeira privada do Espírito Santo, com 40 filiais. Das quais 18 no Espírito Santo, 16 na Bahia, duas no Rio de Janeiro e quatro em

Minas Gerais. Ainda opera 50 unidades de atendimento nas Lojas Dadalto e D&D, e 60 parcerias de cartões private label com lojistas dos mais variados setores. A Dacasa opera três produtos distintos: Cartões de Crédito, Empréstimo Pessoal e Crédito Direto ao Consumidor (CDC). As operações da Dacasa estão presentes em mais de 23.000 pontos de venda e contam com uma base de mais de 3 milhões de clientes atendidos.

Ao longo de sua história, as empresas do Grupo Dadalto foram premiadas e reconhecidas pelos fornecedores, pelo mercado e pelos consumidores, como empresas líderes em seus segmentos. Na pesquisa Recall de Marcas, as empresas do Grupo Dadalto foram, por vários anos seguidos, as mais lembradas nas categorias de Loja de Presentes, Loja de Departamentos, Loja de Material de Construção e Financeira.

Osvaldo Dadalto é hoje o Presidente do Conselho de Administração do Grupo Dadalto, que está totalmente profissionalizado, aderente à Governança Corporativa nos moldes mais atualizados do mercado brasileiro.

Osvaldo é assim, uma personalidade que aos 6 anos de idade, além de estudar, ajudava em todas as tarefas da casa. Aos 13 anos, começou a trabalhar com seu pai no botequim de Santa Luzia. Nesse período, Osvaldo lembra que era preciso ter muito tato com os fregueses na hora de fechar as portas do botequim, pois eles insistiam em continuar tomando umas e outras até altas horas da noite.

Osvaldo Dadalto. Dois nomes, uma personalidade sólida que, em conjunto com a família e muitos colaboradores, fizeram do Grupo Dadalto, um sucesso consolidado no mercado.

ELO ENTRE O PASSADO E O PRESENTE: CELEBRAÇÃO A ANTÔNIO DADALTO

O patriarca Antônio Dadalto, que só começou a estudar aos 18 anos, após o fim da Primeira Grande Guerra, cultivava como princípios de vida a solidariedade, o respeito ao próximo e o compromisso com a sociedade. Incomodado com o analfabetismo da comunidade onde vivia, decidiu com recursos próprios e ajuda de amigos, reformar um imóvel para nele criar uma escola. Encontrou a professora Dª Silvia Barbosa, com o apoio da Prefeitura, para lecionar, oferecendo-lhe hospedagem em sua própria casa, uma alternativa para a população local, que passou a ter novas possibilidades de estudo e, consequentemente, de vida. O Sr. Antonio Dadalto, tendo percebido no estudo a ferramenta fundamental para uma vida melhor, procurou estender essa conquista não só para seus filhos, mas também para toda a sua comunidade. Inspirado nesse gesto nobre de dignificação humana e cidadania, em 10 de abril de 1993, Pedro Dadalto, irmão de Osvaldo, em conjunto com os acionistas do Grupo constituíram a FEAD – Fundação Educacional Antônio Dadalto.

A FEAD é uma fundação educacional sem fins lucrativos que oferece formação profissional a pessoas de baixa renda, para que cada vez mais pessoas tenham acesso a novas perspectivas de crescimento profissional, colaborando para a dignificação do ser humano. Com sede em Vitória, oferece cursos a preço de custo e bolsas parciais ou totalmente subsidiadas nas áreas de Informática, Línguas, Artesanato e outros. A FEAD também está construindo uma Unidade de Treinamento para Capacitação Profissional em atividades de prestação de serviços como pedreiro, marceneiro, bombeiro hidráulico, eletricista, soldador e carpinteiro. Para isso, mantém parcerias com entidades públicas e privadas. Presidida por Pedro Dadalto, nesses 19 anos de atividades, a FEAD orgulha-se de ter ajudado a formar até hoje mais de 60.000 alunos.

Fizeram parcerias com a FEAD: Governo do Estado, Chocolates Garoto, CESV (Centro Supletivo de Vitória), SINPOJUPES (Sindicato dos Servidores do Poder Judiciário no Estado do Espírito Santo), Prefeituras Municipais de Vitória, Vila Velha, Cariacica e Serra, Ministério da Educação e Cultura, Ministério do Trabalho e Emprego, Fundação Manoel de Passos Barros, SINE (Sistema Nacional de Empregos), Consórcio Social da Juventude, entre outros.

RECEITA DE SUCESSO DE OSVALDO DADALTO

Falar da vida de Osvaldo Dadalto por si só é uma "receita" de sucesso. Conhecer a história desse homem e do Grupo Dadalto é a revelação desta mesma "receita".

Desde quando se integrou aos negócios da família, onde começou como vendedor, Osvaldo sempre se pautou na busca por coisas novas, pois "sonhava sair de Santa Luzia, uma localidade pequena", e acabou conseguindo destacar-se no mundo dos negócios: Como? Para Osvaldo, eis as "receitas".

Primeiro: Aja com disciplina, paciência, perseverança. Descubra o que quer fazer na vida e se dedique àquilo que lhe fará feliz. E qualquer que seja a sua escolha, procure ser o melhor.

Interessante que Osvaldo, no início, não teve a possibilidade de escolher sua profissão. Ele ensina: "Não pude escolher o que gosto, mas aprendi a gostar do que faço". E complementa: "minha única chance era ser comerciante, então fui tentar fazer o melhor".

Sabedoria: "Graças a Deus, posso dizer que me arrependo de ter feito algumas coisas na vida, mas não me arrependo de ter deixado de fazer nada".

Alerta: "uma empresa é como um filho: a gente tem que cuidar 24 horas por dia, sem descanso!"

Cuidado: É preciso muita diplomacia, paciência e tolerância para administrar os conflitos familiares. A união dos irmãos sempre contribuiu para o sucesso do Grupo Dadalto. Osvaldo concorda com a máxima: a União faz a força.

Renúncia: A vida de empreendedor é uma luta constante e cheia de renúncias. Na juventude, por exemplo, era "apaixonado" por futebol. Nos finais de semana, enquanto os jovens de Castelo se divertiam jogando futebol, ele estava vendendo geladeiras, episódio marcante que conheceremos brevemente. Na vida, teve que fazer muitas renúncias. Sem remorsos pelas "perdas" dos momentos "lindos" da infância e da adolescência, Osvaldo não se arrepende, mas não recomenda. E diz: "paga-se um preço muito alto por se começar a trabalhar muito cedo". Osvaldo viveu outras renúncias na vida. Uma por ter que ausentar-se dos filhos gêmeos recém-nascidos: Alessandro e Wagner, e da esposa Maruza, deixando-os com os sogros e demais familiares em Niterói para retornar à Vitória e organizar a inauguração da Loja Dadalto (o famoso "Dia D"). Ao relatar esse fato Osvaldo se emociona e pode-se perceber toda a sensibilidade por ele vivida naqueles dias. É fraternal com o passado. Outras renúncias se devem a diversos cancelamentos de viagens de férias por conta de imprevistos que sempre surgiam de última hora.

Traumas: Um trauma que o marcou muito foi o falecimento de seu irmão Domingos, por um inesperado aneurisma, aos 29 anos. Osvaldo revela que Domingos era uma ajuda vital na empresa, e um querido irmão que muito admirava. Outro trauma marcante ocorreu quinze dias após o falecimento de seu irmão Domingos. Sua esposa perdia sua primeira filha, tão esperada pelo casal.

Osvaldo foi em frente, contornando os obstáculos. Tem um carinho todo especial com os sogros e os reverencia até hoje. E por fim resume e ensina: "antecipe-se e anteveja as oportunidades, tenha disposição para o trabalho, seja responsável, disciplinado e persistente, com determinação e paixão pelo que faz. Contem com a ajuda de Deus e da família, eles estão sempre presentes para nós".

UMA AÇÃO QUE POR SI SÓ É UMA RECEITA DE SUCESSO

Osvaldo, aos 23 anos, dirigindo uma caminhonete Willys 4x4, vendia geladeiras de "porta em porta" nas regiões vizinhas a Castelo: Alegre, Iúna, Ibatiba, Afonso Cláudio e Cachoeiro de Itapemirim. Imaginem as estradas que ele tinha que enfrentar na época, se chovesse então...

Vale recordar esse tempo nas palavras do próprio Osvaldo em entrevista dada à jornalista Carolina Veiga: "As estradas eram todas de chão batido. Quando chovia, era uma loucura. Aos sábados, eu colocava três geladeiras na caminhonete. Levava máquina de escrever para datilografar as duplicatas. Levava também almofada para colher as digitais de quem não sabia escrever, fazia toda a negociação e voltava pra casa só no domingo à noite. Nas viagens da semana seguinte, além de levar mais geladeiras para vender, recebia as prestações e ainda dava assistência técnica".

Neste trabalho, dada a precária condição no fornecimento de energia elétrica, era preciso orientar a dona de casa para desligar a geladeira às cinco horas da tarde, e só religar após as 22 horas, quando as luzes das casas começavam a se apagar.

"Era muito comum a energia cair e a geladeira acabava queimando"... "Quando percebia que a pessoa não ia comprar, deixava a geladeira, sem compromisso. Explicava como funcionava: 'Minha senhora, sobrou feijão, arroz, carne, guarda aqui que não estraga'. 'É mesmo? Mas e se o meu marido não quiser?', perguntavam-me algumas. 'Não tem problema' – respondia-lhe. 'O que a senhora resolver, tudo bem. Eu deixo por uma semana pra senhora pensar'. Com esse trato, nunca tirei uma geladeira de nenhuma casa."[1]

Osvaldo considera esta experiência uma das mais ricas de sua vida, pois começava ali a sua vocação no relacionamento direto com o consumidor.

É dessa época a grande ousadia e tenacidade de Osvaldo: vender 120 geladeiras em uma semana. Vendeu! E mais: vendeu desafiando os três maiores concessionários de geladeiras no mercado de Cachoeiro.

Nas palavras de Osvaldo: "... Enquanto eles ficaram deitados em berço esplêndido, eu aproveitei".

FRASES QUE SÃO DICAS DE SUCESSO

"É preferível você se arrepender de ter feito algo, do que se arrepender de não ter feito."

"Não tenha a pretensão de saber tudo. O homem não pode saber tudo."

---

1 - **Espírito Santo empreendedor – histórias de quem constrói o nosso estado**. SEBRAE-ES; FINDES, Vitória, 2006, Vol. I, p. 2021.

"Aprendi com os meus erros e muito com os erros dos outros. Isso é sabedoria."

"Estude o máximo que puder, pois eu não tive essa oportunidade."

"Na vida pode-se demorar um pouco para tomar decisões. Decisão tomada, seja qual for, execute com determinação."

"Se você não puder escolher o que fazer, aprenda a gostar do que faz."

CONSIDERAÇÕES FINAIS

Ao longo se sua vida, Osvaldo desenvolveu uma personalidade disciplinada e uma notável capacidade de ser paciente. Qualidade que o acompanha por toda a vida e sem a qual não teria superado a que hoje ele chama de a "Santa Crise" de 2008 que, mais uma vez, lhe renderia outro grande momento de turbulência. Foi um momento difícil e "arriscado", destaca, quando o grupo teve que se reinventar, agrupando as empresas sob uma mesma gestão, contratando uma equipe completa de novos profissionais e, por fim, adotando o conceito inovador da Governança Corporativa na sua plenitude. Hoje, o Grupo Dadalto se organiza num Conselho de Sócios e num Conselho de Administração composto por sócios e profissionais externos com muita experiência, requisitos fundamentais para se ter uma visão múltipla de mercado.

Osvaldo destaca que no Grupo Dadalto as decisões são tomadas coletivamente, sempre buscando o consenso: "É no ganha-ganha. Ninguém pode sair perdendo", ressaltando que "sempre fomos iluminados e conversamos muito para decidir".

As viagens de férias sempre foram importantes em sua vida, animadas por um forte desejo de conhecer novos países e suas diferentes culturas. Sempre acompanhado de sua querida esposa Maruza, chegou a visitar mais de 30 países. Gosta também de relaxar na praia das Virtudes e Bacutia, em Guarapari, acompanhado de seus familiares. Afinal, a vida continua. Aos 75 anos, Osvaldo tem ainda vários desafios, como consolidar as mudanças recentes pelas quais vem passando o Grupo Dadalto e continuar a merecer a aceitação de 93% da opinião pública capixaba, que sempre viu na família Dadalto a seriedade com que trata seus colaboradores, fornecedores, clientes e amigos (dados de pesquisa recém publicada). Além de continuar viajando e conhecendo o mundo.

Waldeth Nunes Theodoro e a Faesa

Uma mulher à frente do seu tempo

Aos 83 anos, Waldeth Nunes Theodoro, co-fundadora e atual presidente da Faesa, esbanja vitalidade e sabedoria à frente da instituição particular pioneira na oferta de Ensino Superior na Grande Vitória. Sempre à frente de seu tempo, soube interpretar os limites e as possibilidades do contexto vivido. Ora falando, ora silenciando, sempre agindo com sabedoria, discernindo o momento certo para tomar as decisões necessárias. Com simpatia e entusiasmo peculiares, cumpre rigorosamente sua agenda de trabalho, conciliando compromisso profissional e atividades de dona de casa, avó e bisavó, acompanhando de perto a vida da família que, para ela, é o seu maior tesouro.

"Sinto-me orgulhosa e tenho o privilégio de continuar dirigindo, juntamente com meus filhos, a instituição fundada por mim e por meu marido, Dr. Antário Alexandre Theodoro, e ter conseguido transmitir esse ideal para os meus filhos, noras e netos, que continuam gerindo a Faesa com sucesso, mantendo a mesma empolgação e seriedade com as quais iniciamos nosso projeto. Peço que Deus me conceda seguir essa jornada sempre com a mesma simplicidade, honestidade e idealismo, tendo em mente o princípio de todos por um e um por todos. Sinto-me realizada como empresária e mãe. Meus filhos valorizam minha experiência como gestora e sempre me consultam na tomada de decisões. Compartilho com eles todas as decisões e cumpro minhas atribuições na instituição diariamente, com muita satisfação e comprometimento".

Como se consolidou o perfil empresarial de sucesso de Waldeth Nunes Theodoro?

A experiência familiar foi um dos fatores para definir o perfil empreendedor de Waldeth Nunes Theodoro. Ela nasceu em Colatina, Espírito Santo, no dia 1º de julho de 1929, filha de Elizeu da Silva Nunes e Olindina Monteiro Nunes. Ao lado de seus pais e de seus nove irmãos, Álvaro, Áureo, José, Maria Lindinalva, Alayr, Erlith, Aldérico, Cacilda e Erthélvio, Waldeth viveu momentos de luta e de vitórias que consolidaram o companheirismo e o amor que sempre foram os traços fortes de sua família e fatores que influenciaram positivamente sua vida pessoal e profissional.

Os pais lhe serviram como exemplo: a mãe, dedicando-se ao cuidado da casa e dos filhos, e o pai, administrando os negócios da família. Espelhou-se nos pais e, do ponto de vista empreendedor, seguiu o caminho do pai: homem muito trabalhador, honesto, lutador e acima de tudo temente a Deus.

Dos pais aprendeu importantes valores e princípios que formaram seu caráter pessoal e empresarial:

1. ser dependente de Deus, confiando nEle em primeiro lugar;

2. valorizar a família;
3. reconhecer a importância do trabalho como fator de sucesso pessoal e profissional;
4. honestidade;
5. coragem para lutar;
6. firmeza de caráter;
7. amor ao próximo.

Desde cedo, experimentou o significado de ser empreendedora ao acompanhar as atividades econômicas do pai. Aos 10 anos de idade, aos sábados, ajudava o pai a "passar troco" no açougue de propriedade da família. Na adolescência, ajudava a fazer os balanços contábeis de fim de ano da casa comercial.

O pai destacou-se na região norte do Espírito Santo, principalmente em Colatina, como comerciante, atuando nas áreas de açougue, charqueada, casa comercial de "secos e molhados" e comercialização e beneficiamento de café, tornando-se empresário bem sucedido no seu ramo de atividade.

A experiência com o pai tornou-se fundamental para a formação do espírito empreendedor de Waldeth Nunes Theodoro. Ela gostava de participar e ajudar nos negócios, ficando extremamente satisfeita com os resultados obtidos pela família.

Essa experiência familiar contribuiu para que, mais tarde, como professora, buscasse independência financeira ao conciliar aulas particulares para candidatos ao Exame de Admissão ao Ginasial e das atividades docentes na rede pública de ensino.

Recebeu dos pais a orientação para os estudos e o estímulo à coragem para vencer e galgar espaços com sucesso. Seguindo as orientações familiares, iniciou seus estudos no Ginásio Conde de Linhares, na cidade de Colatina - ES, onde cursou o ginasial e se formou no Curso Normal. A escolha pelo Curso Normal teve tripla motivação: gostava de ensinar, era uma das oportunidades da época para as moças que desejavam se inserir no mercado de trabalho como professoras e incentivo da própria família. A professora Waldeth abraçou a formação para o magistério como forma de conciliar desejo pessoal - pois se identificava com o ensino -, à orientação dos pais e à oportunidade de inserção no mercado de trabalho. Por isso, para ela não existe verdadeiro sucesso profissional sem gostar do que se faz.

Ao concluir os estudos do Curso Normal, alçou voos mais altos e fez o curso superior de Serviço Social, em Niterói. Depois de casada, já com quatro filhos, cursou a licenciatura em Filosofia, Ciências e Letras, em Colatina, sua cidade natal.

Quando retornou do Rio de Janeiro, foi aprovada no Concurso de Títulos e iniciou sua carreira como professora, exercendo, durante 30 anos, suas atividades docentes, tendo trabalhado no Grupo Escolar Alberto de Almeida, no Grupo Escolar Gomes Cardin, nos Colégios Ceciliano Abel de Almeida, Otto Ewald e José Áureo Monjardim. Estava concretizando as razões de sua escolha pelo Curso Normal. Na época, concluir esse curso era sinônimo de empregabilidade, ou seja, era um diferencial importante no mercado de trabalho, uma das grandes possibilidades da mulher trabalhar profissionalmente, fazer o que gostava das atividades do lar. "Se não gostar do que faz, dificilmente a pessoa alcança o sucesso. É preciso amar o que faz." A vinda da professora Waldeth para Vitória revela também um traço característico de sua visão empreendedora: havia vagas para professora em todo o Estado, mas trabalhar na capital abriria novas oportunidades de crescimento profissional. No entanto, havia uma exigência maior: o concurso de Títulos, para o qual, antevendo as possibilidades, buscou formação no Ensino Superior.

A professora Waldeth enfrentou as culturas do seu tempo superando desafios e representações sociais consolidadas. Em uma época na qual não era comum as moças estudarem além do Curso Normal, destinado à formação de professoras, ela foi uma das quatro moças que estudavam em uma turma do Curso Científico no Colégio Americano, predominantemente composta por rapazes. Mas, a professora Waldeth queria ir além...

A educação sempre foi sua paixão profissional. Acompanhava os alunos com dificuldades de aprendizagem até mesmo fora do horário de aula. Era amor à educação mesmo.

Casou-se com Dr. Antário no dia 27 de fevereiro de 1954 e tiveram quatro filhos: Antário Filho, José Alexandre, Alexandre e Guilherme. Criou os filhos com muita luta e amor. Ensinou-lhes valores como justiça, honestidade, fidelidade e, primeiramente, o culto a Deus, isto é, depender de Deus e nEle confiar. Inicialmente, foi aconselhada pelo esposo a não trabalhar "fora de casa". Era o contexto da época: o marido cuidava do sustento da família e a esposa cuidava das atividades domésticas. Mas a professora Waldeth, com muita habilidade, convenceu Dr. Antário sobre a importância de seu trabalho profissional. Com maestria, conciliou as atividades profissionais e suas atribuições como mãe e esposa. Ela enfrentou com sabedoria um paradigma enraizado na cultura da época. Com isso, a professora Waldeth ensina que o líder precisa lutar pelos sonhos, agindo com prudência, sabedoria e observação aguçada da realidade.

Ao lado do marido, Dr. Antário Alexandre Theodoro, quando se aproximava da sua aposentadoria na rede pública de ensino, deu início à Faesa, na década de 1970. Nascia uma instituição particular pioneira, sendo a primeira a oferecer o curso de Administração no turno noturno, na Grande Vitória. Mais uma vez, a professora Waldeth mostrou-se à frente de seu tempo, com grande percepção da realidade, com visão aguçada para perceber as oportunidades e aproveitá-las, agindo certo no momento oportuno. Soube ser, ao lado do marido, protagonista para construir a Faesa.

O projeto da Faesa começa em 28 de dezembro de 1969, quando Dr. Antário e a professora Waldeth, juntamente com um grupo de educadores amigos, constituíram a Fundação Francisco José de Paula. O nome da Fundação foi uma homenagem a um dos seus fundadores, que também era pastor da Igreja Batista em Itaquari, da qual Dr. Antário e a professora Waldeth eram membros. Mantida por esta fundação, a Faesa (que no início era a sigla de Faculdade Espírito-santense de Administração) foi autorizada a funcionar em 1972.

O cenário da economia espírito-santense, no qual a Faesa foi constituída, era promissor em razão da implantação dos grandes projetos industriais, que demandava formação de profissionais qualificados para atuar nas grandes empresas que chegavam ao Estado, sobretudo na área de gestão. Na Grande Vitória, somente a Ufes oferecia o curso superior de Administração, com número insuficiente de vagas para atender à demanda e somente no horário diurno. A baixa oferta limitava o acesso, principalmente dos que estavam inseridos no mercado de trabalho, ao Curso Superior de Administração. A Faesa nasce para suprir uma lacuna em relação ao Ensino Superior no Espírito Santo, especificamente na Grande Vitória. Observa-se um viés social fundamental, pois as pessoas que necessitavam trabalhar durante o dia não conseguiam estudar na Universidade devido à limitação do tempo. Com a oferta do curso no horário noturno, a Faesa abre a possibilidade dos trabalhadores desejosos de qualificação acessarem a formação no Ensino Superior.

A professora Waldeth assumiu a Tesouraria, pois sempre teve muito tato para lidar com as pessoas e com as finanças. Ela teve que lidar com dificuldades financeiras por causa da inadimplência. Mas as obrigações tinham que ser cumpridas em dia. Recorda-se com certa nostalgia: "A luta era muito grande. Não tinha computador. Todas as atividades eram controladas e registradas manualmente em fichas individuais dos alunos. Conhecia cada um dos nossos alunos, sua vida, sua história, suas dificuldades, suas alegrias, suas vitórias. Desenvolvia meu trabalho de forma humanizada, conhecendo e interagindo com nossos alunos. Mesmo sem as condições e facilidades proporcionadas pela tecnologia, sentia-me feliz ao realizar o trabalho".

A negociação com os fornecedores da Faesa foi a estratégia adotada pela professora Waldeth para superar as dificuldades iniciais. Sempre dialogava com os credores: "Tenham paciência, que nós vamos crescer e ocupar um espaço importante no mercado. Hoje vocês esperam, amanhã terão compras maiores", enfatizava a professora

Waldeth. Com visão de longo prazo, alimentava o seu otimismo e a confiança dos seus pares. Ao mesmo tempo, insuflava o espírito empreendedor dos seus stakeholders. Negociava sempre, e jamais deixava de cumprir os acordos firmados, dando garantias aos fornecedores e conquistando credibilidade junto ao mercado.

A mesma medida era adotada em relação aos alunos. A professora Waldeth negociava com os alunos, argumentando que a Faesa dependia das mensalidades para se manter. Ouvia as histórias dos estudantes, seus clamores, e negociava com eles. Tratava-os bem para que eles não desanimassem do curso por razões financeiras. Como empreendedora, orientava-os a organizar a melhor maneira de quitar seus débitos para com a Faesa e, ao mesmo tempo, resolvia os problemas financeiros da instituição, evitando a evasão dos alunos por motivos financeiros. Com habilidade, oxigenava as finanças com muita negociação com os estudantes e credores.

A característica mais marcante da empreendedora Waldeth é o lidar humanizado.

"O modo como acolhíamos os alunos contribuiu para a Faesa dar certo. Não víamos a educação como mercadoria, mas como processo de formação de pessoas para o futuro. Sempre enxergamos nossos alunos como pessoas. Alimentamos o sonho de manter uma faculdade que crescesse e os alunos crescessem junto. Hoje, tenho o orgulho de ver grandes líderes e empresários de sucesso no mercado capixaba formados na Faesa. Há o reconhecimento público das pessoas. Aconselhava todos os alunos como verdadeiros filhos. Sempre dialogava com eles, ouvindo-os e compreendendo-os".

No final da década de 70, o Ministério da Educação (MEC) esteve presente na Faesa devido à denúncia de que a instituição não cumpria o que determinava a legislação vigente. Na ocasião, toda a diretoria foi afastada e um técnico do MEC assumiu o comando da instituição para apurar as denúncias. Da diretoria afastada, apenas a professora Waldeth permaneceu à frente das suas atividades. Foi um período extremamente desafiador. Essa situação não a impediu de continuar de forma corajosa. Ao contrário, as adversidades tornaram-se uma espécie de combustível para o seu desempenho profissional de líder e empreendedora. Mais uma vez, agora no cenário de intensa pressão, destacou-se no enfrentamento da situação vigente, mantendo a serenidade e o profissionalismo, desenvolvendo todas as suas atribuições e cumprindo todas as obrigações. Agiu com firmeza, sem perder o peculiar otimismo. Sabia que não poderia falhar. Revelou-se como profissional confiando nos passos dados e na história de seriedade construída até aquele momento. Mantinha-se firme seguindo o tripé: Deus, Família, Profissionalismo. O resultado não poderia ser diferente: concluídos os trabalhos do técnico, verificou-se que as denúncias eram improcedentes e o Ministério da Educação retirou-se da Faesa, devolvendo a instituição aos demais membros da direção.

Ter infraestrutura própria fazia parte dos sonhos da professora Waldeth e do Dr. Antário. "Um dos momentos marcantes foi quando saímos do aluguel das salas do Edifício Aldebaran, no centro de Vitória, e conseguimos comprar o prédio que pertencia às Irmãs Combonianas, onde hoje funciona o Campus I, na Avenida Vitória, com financiamento da Caixa Econômica Federal. Realizamos uma grande conquista e um passo decisivo para a expansão da Instituição e melhoria contínua na qualidade de ensino, procurando fomentar o desenvolvimento educacional e cultural do Espírito Santo."

Quarenta anos depois, a Faesa vive uma nova fase em sua história e na história do Espírito Santo. Tornou-se uma instituição consolidada e reconhecida pela sociedade espírito-santense, corroborando a perspectiva otimista que a professora Waldeth compartilhava com seus pares desde o início. O sonho se tornou realidade com o trabalho árduo realizado pela professora Waldeth e seu esposo, Dr. Antário. São três campi, com oferta de cursos superiores, escolas de Educação Básica, faculdades de tecnologia, Centro de Pós-Graduação e Rádio Tropical, além do desenvolvimento de inúmeros projetos de pesquisa, extensão e atendimento à comunidade.

"A Faesa é um sonho compartilhado com meu querido e amado Antário. Que tanta falta me faz em sua ausência! Lutamos sempre com muito ânimo e perseverança e com muita fé no Onipotente. Mesmo diante de grandes atropelos, nunca desistimos e, sorridentes, continuamos a jornada. A Faesa representa quarenta anos de lutas e vitórias. Somos uma família. Contamos sempre com nossos filhos, noras, netos, sobrinhos, amigos, professores e apoio administrativo que fazem parte de nossa história. Todos trabalhando com afinco e dedicação, prosseguindo aquilo que construímos e por tudo damos graças a Deus. Sempre incentivamos a participação dos filhos na instituição. Fizemos tudo como família. Preparamos os nossos filhos para dirigirem a Faesa e, hoje, fazem isso com brilhantismo."

Como no seu início, a Faesa continua sintonizada com o seu tempo. O Estado vive o seu terceiro ciclo de desenvolvimento, e pretende aumentar sua capacidade de produção do ponto de vista econômico e ampliar suas políticas de inclusão social. O crescimento econômico, oriundo dos projetos de expansão da Fibria, Vale, ArcelorMittal Tubarão, dos novos terminais da Barra do Riacho e de Anchieta, da instalação definitiva da Petrobrás no Estado e com a chegada de centenas de empresas satélites que irão formar a cadeia de fornecedores, acarreta em demandas de formação de profissionais nas mais diversas áreas do conhecimento.

Nesse cenário de desenvolvimento econômico, que requer competência técnica, ética e humana, a Faesa alinha suas atividades com base na missão institucional "Promover o desenvolvimento social por meio do conhecimento", inserindo-se num cenário extremamente complexo e desafiador, assumindo a educação como fator de transformação social. Desenvolve, assim, relevante papel social no contexto de um Estado que vem passando por um acelerado crescimento econômico, social, político e urbano, ao oferecer educação de qualidade, formando profissionais responsáveis e competentes, prontos para o mercado de trabalho.

Nessa trajetória, a professora Waldeth assumiu uma postura de protagonista na história da Faesa e da educação na sociedade espírito-santense. Para ela, ser professora é sinônimo de ser profissional da educação, demonstrando a importância do educador no cenário social, político e econômico. Sua história de vida revela a firmeza de uma mulher que, ao longo de sua existência, vive com capacidade extraordinária sua condição de ser mãe, esposa, educadora e empresária, valorizando e distinguindo cada dimensão, vivendo-as em sua totalidade e em cada momento, articulando as partes ao todo, demonstrando unidade na complexidade e complexidade na unidade.

Em todos os momentos e em todas as atividades, a professora Waldeth Nunes Theodoro soube administrar sua vida pessoal, profissional e familiar, colocando em prática o "seu melhor". Superou barreiras, enfrentou desafios, compartilhou e compartilha sonhos com sua família, tornando-se referência pelo profissionalismo e sabedoria com que conduz sua vida profissional e pessoal.

Ao olhar sua trajetória de vida, a professora Waldeth conclui: "Continuo dedicando-me integralmente aos negócios, sem perder de vista minha vida pessoal e familiar, bem como conservando as amizades, tão fundamentais. Hoje, sinto orgulho quando me deparo com ex-alunos, que para mim continuam sendo meus filhos, vitoriosos profissionalmente, ocupando cargos relevantes em grandes empresas, ou ainda outros que tornaram-se importantes empresários. Emoção maior são os inúmeros e maravilhosos encontros com alunos que passaram pela Faesa, hoje acompanhados pelas suas esposas, seus maridos, filhos e netos e sentir que se aproximam com sorriso sincero, demonstrando que o tempo passa, mas que o carinho e a amizade permanecem e que a passagem deles pela Faesa e por nosso convívio foi e continua sendo importante em suas vidas".

SUGESTÕES PARA ALCANÇAR O SUCESSO

Qual a receita do sucesso? A professora Waldeth Nunes Theodoro sugere alguns valores e princípios que aprendeu ao longo de sua experiência pessoal e profissional, que se constituíram como referência para sua própria realização.

1. Confiar incondicionalmente em Deus, pois com a fé incondicional no Onipotente temos a certeza de que não caminhamos sozinhos e desamparados. Por isso, é fundamental conciliar espiritualidade e trabalho.

2. Valorizar a família. A união da família promove alegria, satisfação, vivência de bons momentos de lazer, desejo de superar os obstáculos e a organização dos próprios negócios.

3. Estudar e trabalhar sempre são chaves para o sucesso. O estudo permite a ampliação do conhecimento e da visão de mundo. O trabalho nos faz viver melhor e nos ajuda a realizar os nossos sonhos. Sem trabalho, sem esforço, não desenvolvemos os nossos projetos.

4. Viver honestamente proporciona a tranquilidade do dever cumprido, a certeza de que ganhamos o que é fruto do nosso trabalho.

5. Aprender a aprender e aprender a ensinar. Não basta aprender uma lição. É necessário saber utilizar ferramentas e capacidades para ir além do que foi ensinado. A aprendizagem é um processo contínuo, que dura a vida inteira. Aprender a ensinar é outra condição essencial para todos nós. O que sabemos precisa ser compartilhado, a fim de haver a disseminação do conhecimento e a construção de novos conhecimentos.

6. Respeito ao próximo.

7. Ser firme no caráter, que está intimamente relacionado à conduta moral.

8. Discernimento e paciência para tomar as decisões necessárias e adequadas no momento certo.

9. Preservar as boas amizades, que são porto seguro nos momentos bons e difíceis de nossas vidas.

José Armando Campos e a ArcelorMittal

Modéstia à parte, o segredo é trabalho

Zé Armando, como os muitos e sinceros amigos o chamam, é um homem calmo e delicado e, acima de tudo, um engenheiro. Em outras palavras, um criador e gestor de processos eficientes. Caipira de Belo Horizonte, cidade que sintetiza as muitas Minas Gerais que conheceu no início de sua carreira, chegou ao primeiro mundo dos negócios sem jamais perder sua intrínseca humildade. No seu dicionário pessoal, esqueceram a palavra arrogância. Neste mesmo dicionário, em primeiro lugar, vem a palavra trabalho. É um trabalhador, um diplomata, um gestor eficiente.

Recentemente, a revista Harvard Business Review Brasil publicou uma pesquisa que coloca José Armando de Figueiredo Campos entre os cinquenta mais importantes CEOs da América Latina num levantamento que cobria o período de 2000 a 2009, ocupando, especificamente, a décima oitava posição. Mas este é apenas um dos elementos da valiosa carreira desta figura que, natural de Belo Horizonte, em 1972 formou-se engenheiro de minas na Universidade Federal de Ouro Preto.

Depois de iniciar sua carreira por quase dois anos na Metais de Minas Gerais S.A., em Belo Horizonte, já em 1974, José Armando inicia sua trajetória de quase 19 anos na Companhia Vale do Rio Doce, onde exerce sua profissão nas áreas de mineração e metalurgia, até transferir-se para outra empresa, que significaria um dos pontos mais altos de sua carreira, em 1992. É nesse ano que o empresário assume um espaço relevante na então Companhia Siderurgia de Tubarão, precisamente quando a empresa estava sendo privatizada. Pouco depois, em 1997, após cinco anos como vice-presidente executivo, José Armando torna-se presidente e CEO da empresa - função que viria a exercer também a partir de 2005 na ArcelorMittal Brasil, quando se integram a CST, a Vega e a Belgo-Mineira.

O encerramento de suas funções executivas na empresa se deu em 31 de março de 2009, ano em que completou 60 anos, cumprindo um de seus planos pessoais: aposentar-se de atividades executivas. A partir dessa data, contudo, ele continuou vinculado à empresa na qualidade de presidente do seu Conselho de Administração, permitindo que ela continuasse se beneficiando de suas habilidades no meio dos negócios.

Além de membro da ABM (Associação Brasileira de Metalurgia, Materiais e Mineração), a qual veio a presidir no biênio 2004-2005, José Armando de Figueiredo Campos fez parte também do conselho diretor do Instituto Brasileiro de Siderurgia (IBS) - onde assumiu o cargo também de presidente entre os anos 2002 e 2005 -, do mesmo conselho no Instituto Latinoamericano del Fierro y El Aciero (Ilafa) e do conselho de administração do Conselho Empresarial Brasileiro para o Desenvolvimento Sustentável (CEBDS).

Personalidade muito ativa também no meio empresarial capixaba, o mineiro José Armando foi um dos fundadores e preside o Conselho Deliberativo do Espírito Santo em Ação. Em vista de todos esses feitos e conquistas, sua recente colocação entre os cinquenta mais importantes CEOs da América Latina mostra-se somente mais uma maneira de coroar a extremamente bem sucedida carreira deste empresário que tem, ainda, um apurado papel no meio artístico capixaba (ele ajudou a promover a participação da ArcelorMittal e de seus colaboradores em eventos culturais de Vitória e, ainda, participou de debates em torno do mercado de arte do estado).

Filho mais velho num grupo de sete irmãos, este líder do circuito do empreendedorismo brasileiro (e internacional) sempre prezou pela educação e, lembra com saudade dos tempos em que, nas folgas da escola, ajudava sua mãe nas tarefas domésticas e seu pai no serviço de marcenaria. Como ele próprio disse, "Eles foram os primeiros a mostrar para mim o valor do trabalho."

RECEITA DE SUCESSO DE JOSÉ ARMANDO

Ao tratar do domínio do empreendedorismo, José Armando de Figueiredo Campos logo aponta para a necessidade de distinção, esquivando-se da possibilidade de ser incluído no grupo dos grandes empreendedores. Segundo suas próprias palavras, ele não teria "nada" de empreendedor: "Às vezes", assume muito modestamente, "chefiei uma equipe, mas meu foco era sempre a reflexão em conjunto, para definir uma linha estratégica ou para desenhar os planos de ação. Para mim, o empreendedor é aquele que coloca seu capital intelectual e financeiro inteiramente a dispor da realização de alguma coisa". Para fortalecer sua distinção, ele cita um caso que lhe chamou a atenção, o das fábricas de lingerie em Juruaia, cidade do interior de Minas, que se notabilizou por ter enriquecido com a produção de roupas íntimas femininas. O crescimento do PIB da cidade é de causar espanto: aproximadamente 30%, desde 2005. À atitude corajosa das mulheres de Juruaia, que ele considera verdadeiramente empreendedoras, ao criar um pólo importantíssimo de confecção de lingeries numa cidade que tem menos de dez mil habitantes, José Armando compara seu papel, no escritório, fazendo orçamentos, controlando custos, discutindo planos de carreira e desempenhando outras de suas obrigações burocráticas. Muito modesta e honestamente, ele prossegue: "Sempre tive muito suporte, as pessoas confiavam em mim, delegando a liderança de algumas equipes, esse era o meu papel". Algumas realizações, assume, foram de sua própria lavra, mas a maioria ele diz ser fruto de muita discussão e diálogo em conjunto com um grupo amplo de pessoas competentes e bem educadas para o trabalho em equipe.

Seria, porém, absoluta verdade esta distância entre José Armando de Figueiredo Campos e o legítimo empreendedor? Se há alguma distinção - para usar palavra que ele muito frisou -, não haveria ainda assim em sua história alguns aspectos que podem e muito enriquecer a visão e o desempenho de um empreendedor? Alguns minutos ouvindo essa importante personalidade ajudam a responder essas questões, justificando sua firme posição entre valiosas mentes empreendedoras; desses minutos, algumas relevantes opiniões, explicações e exemplos merecem ser citados com vagar.

A primeira questão que o empresário levanta diz respeito à importância paradoxal dos americanos na elaboração de teorias fenomenais no que tange a gestão empresarial: "Por exemplo, na gestão de pessoas, como os americanos são bons na teoria... Mas, na prática, no dia a dia, fazem coisas absurdas, apesar de terem ótimos fundamentos culturais, raramente colocam em prática aquilo que os seus 'gurus' escreveram". O necessário destaque que ele dá à perspectiva prática do mundo dos negócios é digno de nota; por isso, entre outras coisas, suas experiências na sua vasta carreira são, para sermos levemente irônicos com a distinção que o empresário diz haver entre ele e os empreendedores, distintas.

Sobre suas dificuldades iniciais, José Armando menciona: "Eu era o filho mais velho de sete irmãos; meu pai era um marceneiro muito estudioso e de muito talento. Eu sonhava, desde criança, estudar Engenharia de minas em Ouro Preto [na UFOP], e já tinha até minha pequena coleção de minerais, pedras semipreciosas e cristais. Mas como eu podia deixar o pai com seis irmãos em Belo Horizonte e ir para Ouro Preto tocar meus estudos?" Diante desse obstáculo, sua saída foi prestar o vestibular na Escola de Engenharia da Universidade Federal de Minas Gerais, o que permitiria sua permanência na cidade onde residia sua família. Veio, contudo, um revés que traria nova oportunidade: "Acabei sendo reprovado no vestibular em Belo Horizonte, mas apareceu em Ouro Preto uma segunda chamada, para a qual me inscrevi. Com essa nova chance, passei em quinto lugar, indo muito bem em provas que eram muito mais difíceis do que aquelas em que havia ficado reprovado anteriormente". O próprio perfil da faculdade, revelado pelo estilo de exame vestibular, já agradava José Armando: "As provas eram mais difíceis, mas eram menos ortodoxas, menos dogmáticas. As questões exigiam reflexão, uma busca por soluções diferenciadas. Era essa a escola que eu queria". No ano em que se formou, 1972, apenas 12 engenheiros de minas se graduaram no Brasil; e esse elemento educacional não escapa às percepções do líder empresarial: "Ano e pouco atrás, uma pesquisa mostrou que de cada 22 vestibulandos que passam no curso de engenharia hoje, só oito completam o curso no Brasil. Uma mortalidade grande, não acha? Nos dois primeiros anos, é fatal. O cara entra na escola, chega ali e vão falar para ele de cálculo integral. Ele mal aprendeu matemática, tem apenas alguns rudimentos em ciências: a forma como lhe ensinaram física e química lhe metia medo. A matemática não foi ensinada para ele como uma coisa bonita, assim, de valor. Ele aprendeu a ter birra de álgebra, decorou uma dúzia de fórmulas de trigonometria só para ir para a prova. Não sabia deduzir nada, fazia um desenhozinho e descobria as relações. Depois, vem enfrentar uma escola de engenharia, com teoria de limites, conceitos de derivadas e aí ele entra em parafuso. Se arrasta no primeiro ano, pega umas três dependências e no segundo ano já perdeu o pique e o entusiasmo inicial com a engenharia. Aí o cara desiste".

Num país como o nosso, José Armando afirma, tem que se ter muito cuidado com essa base educacional: "O Brasil é um país em formação, é um país em construção. E inovação depende muito de engenharia. Não fosse assim, a Coreia do Sul e o Japão não seriam as economias que são, mesmo sem ter muitas reservas naturais. Nos anos 1970, a Coreia, comparada ao Brasil, em termos de produtividade... Éramos pares. A nossa produtividade hoje é apenas de 25 a 30% a produtividade da Coreia. Mas, veja só, a Coreia é um país que educa todo mundo, tem educação universal e de qualidade; e, além do mais, educa em ciências e matemática mais que todo mundo". Não é à toa que, quando perguntado acerca do cenário capixaba atual em relação aos negócios, José Armando chama a atenção principalmente para dois aspectos: infraestrutura e educação. Somos, de acordo com seus dizeres, apenas "um dentinho na engrenagem". O mundo transformado pela globalização, que é uma realidade inarredável, é um mundo em constante mudança, em que a posição de competitividade dos países é permanentemente posta em cheque. A pergunta mais adequada, então, seria sobre como ganhar dos outros estados (e de outros países) em competitividade? Não podemos ficar vinte anos profetizando o fim do Fundap sem buscar alternativas. Para o empresário, o investimento em infraestrutura vai desde os elementos mais básicos: "Temos que tomar conta do que é nosso, se as rodovias que estão nas mãos do Governo Federal não têm investimento, coloquemos o investimento estadual naquelas que estão sob nossa responsabilidade". E a educação, ele assevera, tem de ser tomada como importantíssima pelo Estado, em todas as suas esferas. É preciso, de acordo com José Armando, assumir a educação como um valor maior do que o Fundap, maior do que os royalties do petróleo. E é fundamental, ainda, inovar em educação com escola pública de qualidade, para todos. Só assim, ele crê, aquela "mortalidade" do estudante de engenharia, já citada, vai diminuir significativamente, colocando o Brasil no cenário mundial com capacidade de competir de igual para igual e, claro, no cenário nacional, impondo o Espírito Santo como estado de destaque. Só com educação de qualidade e universal daremos um salto em produtividade reduzindo os custos de se produzir ou de trabalhar no Brasil, atraindo mais investimentos e gerando mais empregos de qualidade e mais riqueza.

Embora tenha se formado como engenheiro de minas, ainda na Companhia Vale do Rio Doce José Armando começou a atuar mais firmemente em projetos na área de negócios, e, mesmo quando chegou à CST para um cargo eminentemente de executivo, não esqueceu a importância de sua carreira pregressa como engenheiro, que o ajudou a interagir com os demais e a entender o mundo de uma maneira especial. Talvez por isso o empresário mineiro contraponha sua carreira à dos empreendedores mais típicos. De todo modo, ele tem ideias muito bem estabelecidas em relação ao que se pode chamar de "vocação empreendedora". Segundo José Armando, um sujeito com essa postura deve ter sempre uma visão de futuro bastante flexível, porque "o futuro está sempre em elaboração, em constante redesenho, cada vez mais acelerado", ele afirma. Não se pode, assim, ser dogmático, ortodoxo, já que os processos no mundo dos negócios são profundamente dinâmicos, não se pode ter uma convicção inabalável sob o risco de cair em descrédito. Uma frase que o importante executivo deixa bastante atrelada a esse tipo de raciocínio é: "O primeiro caminho para o fracasso é acreditar no sucesso momentâneo".

O empreendedor é, nessa linha de pensamento, um indivíduo permanentemente ligado ao futuro, que entende o mercado sob essa perspectiva, considerando as frequentes mutações do amanhã (como mudanças no perfil demográfico de uma população, o perfil de renda etc.). Essa visão peculiar deve, ainda, vir aliada a um elevado grau de intuição. É mais valiosa a percepção quando ela vem ao primeiro sinal da mudança. Um bom empreendedor tem que ter, portanto, essa sensibilidade, essa acuidade, essa prontidão que constrói e redesenha com frequência o cenário futuro. Entre as palavras que comumente aparecem no vocabulário do empreendedorismo, José Armando situa a determinação e a persistência, como se podia imaginar, mas dá um relevo determinante ao equilíbrio, sem o qual determinação e persistência podem se tornar mera teimosia.

Já que o empreendedor é uma espécie muito particular de líder, José Armando também responde em relação às dificuldades que um líder encontra no dia a dia. Para ele, aliás, a liderança não é de modo algum individual, pois, além de tudo, existem líderes em todos os níveis de uma empresa, por exemplo. O que se tem, na verdade, é uma "corrente de liderança" que é puxada com algum propósito bem definido. Muitas vezes, observa com perspicácia o empresário, um colega pode exercer uma liderança mais proeminente que a do chefe, ou seja, "o comandante nem sempre é o líder". No que diz respeito à centralização da liderança, ele considera que, quanto mais lideranças o indivíduo consegue estabelecer numa empresa, mais bem sucedido como líder ele é. Seu papel é, então, inspirar outros líderes, e não agir verticalmente sobre os demais funcionários, porque nunca um só indivíduo tem todas as competências necessárias para a execução das atividades de uma empresa. Os mais terríveis obstáculos que se podem interpor na carreira de um líder são, assim, a dissimulação e a vaidade, que, nefastamente, não raro andam juntas. Um sujeito muito autossuficiente não observa com o devido cuidado as sutilezas e vicissitudes do cotidiano; e, como se sabe, os maiores conflitos são frequentemente gestados em mínimas questões: da qualidade da comida do refeitório às condições de trabalho mais amplas. Concluindo, José Armando afirma: "Se você não tem ouvidos, a organização não anda para frente".

Vê-se, diante de tão lúcidas afirmações, que a questão da comunicação é fundamental para o exercício de qualquer liderança numa vida empreendedora. E, nessa comunicação, estão imbricados diversos fatores – entre eles, a multiplicidade de discursos que permeia um ambiente de trabalho. "A verdade, a origem, é única, mas os públicos são muito distintos (acionistas, fornecedores, empregados, clientes, comunidades vizinhas etc.)", assinala o empresário. Todos os ambientes de conversação têm uma peculiaridade muito bem definida. Atentando para este fato, o executivo consegue impedir mal entendidos na comunicação empresarial, que podem até alcançar a imprensa, causando sérias consequências. Afinal, tudo tem que ser comunicado com transparência, mas a forma como a informação vai ser veiculada deve ser muito cuidadosa, revelando um desafio permanente para aquele que exerce algum tipo de liderança: são inúmeros os elementos perturbadores para quem comunica.

Entre os conselhos que um novo empreendedor poderia receber, José Armando de Figueiredo Campos oferece alguns de salutar importância: qualquer ação dentro do quadro dos negócios deve ter um compromisso muito firme com a ética e manter o respeito às instituições. Ele é, portanto, profundamente contra a informalidade, como, por exemplo, as tentativas de burlar o fisco. Categórico, ele aconselha: "Paga o que deve e depois briga pelo que acha mais justo, mas faça a coisa certa". Além disso, o papel da educação não é, mais uma vez, esquecido por ele: "Tem que estudar. O mundo atual requer muito preparo". E esse aprendizado não deve cessar de ser buscado: "Não tenho vergonha de dizer que todo dia eu estudo".

José Armando diz que, se elaborasse uma receita de sucesso, entraria em contrassenso consigo; mas afirma que, se houvesse alguma, começaria certamente com trabalho árduo: "O único lugar em que o sucesso vem antes do trabalho é no dicionário", lembra ele bem humorado. O sucesso, aliás, é, para o empresário, coisa muito efêmera e, para mantê-lo, é preciso sempre atualizar as perspectivas acerca do mundo. Talvez esta seja a sua necessariamente flexível receita.

CONSIDERAÇÕES FINAIS

Desde o primeiro emprego, José Armando de Figueiredo Campos disse ter encontrado um ambiente com liberdade para experimentar situações positivas e muitos fracassos. Curiosamente, sua primeira sondagem como engenheiro, ele relembra, coincidiu com seu primeiro insucesso. No lugar da demissão, contudo, ele teve outras oportunidades, que se revelariam bem sucedidas. Com isso, José Armando aprendia a saber aceitar os equívocos procurando descobrir os motivos dos erros, e não os culpados. Quando, dois anos depois, chega à Companhia Vale do Rio Doce, ele assume uma grande responsabilidade num projeto que tinha tempo limitado para ser desenvolvido - e, felizmente, tudo deu certo.

Dos 19 anos em que trabalhou na CVRD, José Armando recorda do imenso aprendizado que colheu, obtendo confiança de seus superiores, mas merece um especial destaque na sua memória o quanto aprendeu a respeito da importância do diálogo. Traçou-se, assim, um caminho que ia da vida de engenheiro ao caminho dos negócios. O empresário passou, então, por mudanças físicas e teóricas - sempre com confiança. Seu apreço e meticuloso zelo pela comunicação vêm, portanto, das boas experiências de que participou quando esse aspecto da vida empresarial foi devidamente valorizado. E sua atenção à educação é fruto de uma admiração pelo mundo do ensino e de um profundo respeito pelo fato de que todo ser humano está em constante formação.

Sendo assim, segundo as ideias de José Armando, a visão de mundo empreendedora, que é tão sondada pelos que pretendem se inserir nesse mundo vastíssimo e cheio de oportunidades e armadilhas, deve munir-se não só de uma intuição apurada sobre o futuro e de uma determinação corajosa, mas também de um equilíbrio no que há de mais fundamental: as relações humanas.

Tullio Samorini e a Grafitusa

Ben fatto, figlio mio!

A festa de 90 anos da Grafitusa, no dia 26 de junho de 2012, marcou para Tullio Samorini o ápice da sua história de vida. Cercado por seus filhos, netos, colaboradores, clientes e amigos, Tullio assistiu a narrativa do seu sucesso pessoal e de sua empresa. Família, emoção, crença, amor foram palavras muitas vezes repetidas naquela noite e que ninguém esquecerá. Em nosso país já é difícil uma empresa sobreviver 90 anos, mas sobreviver nas mãos da mesma família e na liderança do mercado é ainda mais difícil. Tullio, entre sorrisos e lágrimas, provavelmente sentiu naquela noite a maior alegria de sua vida, e deve ter se lembrado de todas as gerações que o precederam.

Quanto um engenheiro civil pode entender da indústria gráfica? Tanto quanto o necessário para conduzir uma gráfica, pequena e endividada aos seus 90 anos, apontada como uma das melhores gráficas do Espírito Santo, reconhecida pelo mercado e pela concorrência em nível nacional pela qualidade de seu serviço. As trajetórias de vida da Grafitusa e de Tullio Samorini são tão próximas que quase se confundem. Uma relação tão íntima que fica difícil responder à pergunta: "O Tullio fez a Grafitusa ou a Grafitusa fez o Tullio?" Questionamento capcioso que, por si, já revela bastante a respeito desse empreendedor que abdicou de muitas coisas em favor da continuidade do negócio fundado por seu avô, homônimo a ele, imigrante italiano radicado no Brasil em 1912.

Surpreendido pelo súbito e precoce falecimento de seu pai, Romulo Samorini, aos 55 anos de idade, Tullio Samorini, filho único, viu-se na obrigação e no dever de assumir o negócio da família. Era 1970, ano em que ele se formaria Engenheiro Civil pela Universidade Federal do Espírito Santo (Ufes) e período no qual já despontava em sua profissão, participando da construção do alto forno da Companhia Ferro e Aço. Recém transferida para a nova sede, situada na Avenida Vitória, nº 923, no bairro Forte São João, na capital capixaba, a Gráfica Tullio Samorini Ltda (razão social que tinha à época) vivia uma situação financeira extremamente delicada. Eram muitas dívidas, em um cenário de recessão e grandes dificuldades econômicas para o país.

Chamado à responsabilidade, por si mesmo, aos 22 anos, Tullio Samorini saiu de seu emprego e deixou-se absorver pela indústria gráfica. Foram três anos e meio de dedicação integral, inclusive aos finais de semana. "Eu precisava suprir o meu desconhecimento da área com muitas horas dentro da empresa e bastante estudo. Sou da época em que o dono tinha que fazer tudo: comprar, produzir, vender, cobrar, elaborar as estratégias de promoção de marketing e, às vezes, dormir", revela, bem humorado. "Eu abria e fechava a gráfica todos os dias", completa. Um desprendimento tamanho, que o fez abrir mão das atividades de lazer comuns aos jovens da mesma idade e de uma de suas grandes paixões: o futebol. Enquanto amigos e colegas divertiam-se e aproveitavam os prazeres que a juventude lhes proporcionava, Tullio dedicava-se ao estudo da indústria gráfica, ou melhor, da "arte" gráfica, como gosta de chamar. "A arte tem o poder de tocar as pessoas", diz ele, com grande conhecimento de causa, de quem foi não apenas tocado, mas encantado por essa arte.

Talvez seja por causa desse encantamento que ele se emocione tanto ao relembrar esses anos e tudo do que precisou abdicar. Um esforço que levou a empresa a conseguir saldar todas as suas dívidas em junho de 1973. Todos os passos, datas, bem como cada cálculo de cada conta a ser paga, estão registrados em uma velha caderneta, já com algumas de suas amareladas folhas soltas, que Tullio, com muito cuidado, guarda na gaveta de sua mesa, em seu escritório, na atual sede da Grafitusa, na Rodovia Norte-Sul, em Jardim Camburi. "Uma verdadeira relíquia de família", descreve. Nela, escritos à mão por ele mesmo, encontram-se talvez os mais preciosos dados da história da empresa, informações dos tempos difíceis, hoje superados, mas que contribuíram imensuravelmente para fazer da Grafitusa e de Tullio o que são hoje.

Conforme ia se envolvendo no trabalho, ele passou a sentir-se parte da indústria gráfica, deixando cada vez mais de lado o engenheiro metódico e abrindo espaço, inconscientemente, para o empreendedor arrojado e ousado que liderou o segmento gráfico no Espírito Santo e, até hoje, é referência para muitos de seus pares. "Rapidamente, pude perceber que já havia sido consumido pelas tintas e pelo barulho das impressoras e senti, então, que tinha o dever de dar continuidade ao sonho da minha família na indústria gráfica. E o melhor disso tudo foi que, pouco a pouco, senti o empreendedorismo florescer em mim naturalmente."

Durante os 42 anos em que está à frente da Grafitusa, foram vários os momentos difíceis enfrentados por Tullio Samorini. "Nenhuma história é feita só de bons momentos", relembra. Além dos problemas recorrentes que lhe fugiam ao alcance, como as decisões de governos, legislações e burocracias, ele destaca a crise do papel, ocorrida entre os anos de 1973 e 1974, que quase o impediu de restabelecer a saúde financeira da empresa. Entretanto, o combustível fornecido pelo desafio frente às dificuldades, aliado ao grande espírito inovador e corajoso, o levaram a inovar e, ainda em 1974, adquirir a sua primeira máquina offset, impulsionando sua produção e permitindo novo fôlego à gráfica.

A inovação e o acompanhamento da tecnologia são características fortes da Grafitusa, ingredientes, aliás, que Tullio antecipadamente já coloca em sua receita de sucesso. Na segunda metade da década de 1990, como uma das pioneiras, a Grafitusa adentrou a era da impressão a laser, sendo até hoje referência nesse ramo no Espírito Santo e modelo para o Brasil. Ainda nessa década, mais avanços se acumularam. Foi durante o Governo Collor, quando houve a abertura dos portos brasileiros, o que facilitou muito a entrada de máquinas importadas no mercado nacional, antes difíceis de serem adquiridas em razão das altas tarifas tributárias e da excessiva burocracia.

Nessa época, a Grafitusa faria a aquisição da máquina que virou um dos ícones da gráfica, a impressora Heidelberg Speed Master 74-4, que permitiu duplicar a capacidade de impressão com uma redução de 22% nos custos, além de dar mais qualidade aos trabalhos. Na ocasião, o equipamento, que custou R$ 1,6 milhão, foi financiado em cinco anos por Samorini. Desse passo, mais um ingrediente da receita é enfocado por Tullio: informação. "Em todo momento precisamos estar atualizados e acompanhar tudo o que acontece ao nosso redor. A informação é essencial a todo empresário, pois ela nos auxilia a não fazer o investimento errado. No nosso setor, um investimento mal feito pode custar muito caro, levando a empresa a, talvez, não poder suportar esse prejuízo", explica.

A constante atualização tecnológica é uma marca da Grafitusa. Tullio participa de feiras e viaja constantemente à Alemanha para conferir os mais recentes lançamentos de máquinas da indústria gráfica, de modo a reunir o máximo de informação possível que lhe permita avaliar os investimentos a serem feitos. Atualmente, a empresa possui em seu parque gráfico máquinas lançadas no mercado há pouco mais de quatro meses, usando das facilidades de aquisição desses equipamentos disponibilizadas hoje em dia.

Família. Impossível falar desse descendente de italianos sem mencionar, mais profundamente, o papel da família em sua história, que constitui, também, o principal tempero de sua receita. A começar pelo marco de tudo. Foi justamente seu comprometimento com a família que fez com que ele abdicasse de tudo o que havia planejado para sua vida para assumir o posto deixado pelo pai. Atualmente, Tullio Samorini divide a direção da empresa com seus dois filhos: Romulo e Cristhine. "Eu queria que eles gostassem da gráfica, mas queria que esse fosse um processo natural, por escolha, e não imposto. Não queria impor uma sucessão aos meus filhos". Pouco a pouco, os dois foram se aproximando da empresa e conhecendo seu funcionamento para, só depois, assumirem cargos em sua estrutura.

"O processo foi tão natural que, inicialmente, Romulo se envolveu com a área comercial e Cristhine com a industrial. Conforme o tempo foi passando e eles entrando mais no dia a dia da gráfica, as aptidões foram aflorando e as afinidades aparecendo. Com isso, os papeis se inverteram, e Romulo passou a gerenciar a parte industrial, comandando toda a produção, e Cristhine assumiu a gestão comercial, montando, com muita habilidade uma excelente equipe de vendas. Se antes eu era responsável por 70% do que a Grafitusa vendia, hoje esse percentual não deve chegar a 2%", conta orgulhoso.

Saber lidar com pessoas e valorizar o trabalho em equipe são outros dois ingredientes da receita de Tullio. Ele descreve a Grafitusa como uma empresa familiar, não apenas em sua gestão, mas no convívio de seus colaboradores. "Em nossa história, temos registros de pessoas que tiveram aqui o seu primeiro e último emprego, passando toda a sua vida profissional conosco. Pessoas que conheceram seus maridos e esposas aqui dentro. Somos uma família. Procuramos fazer tudo o que está ao nosso alcance para fazer com que nossos colaboradores gostem de estar aqui. Isso é fundamental para o sucesso de qualquer um: gostar do lugar em que está. Somos seres humanos e vivemos de relações, temos necessidade de pessoas. Trabalhamos com prestação de serviço, que pressupõe envolvimento. Isso é servir." Por acreditar nesses valores, a Grafitusa investe na formação de seus colaboradores, o que lhe garante uma equipe muito bem formada e capacitada para atender o cliente da forma como ele espera e merece.

Um conselho oferecido por ele aos jovens empreendedores é descobrir exatamente o que quer e saber onde querem e podem chegar, traçando metas para si próprios e trabalhando muito para isso. "Não há resultado sem esforço, não há recompensa sem dedicação. O dinheiro é consequência de tudo o que fazemos para atingir nossos objetivos e realizar os nossos sonhos", diz. Tendo passado por muita coisa em sua vida, Tullio é categórico ao afirmar que não se arrepende de nada do que fez e que cada coisa de que abdicou, todos os dias dedicados, todas as noites viradas no trabalho valeram a pena. "Faria tudo novamente!"

E o que, em princípio, se mostrou força das circunstâncias, com o passar do tempo (e, há que se destacar, de pouco tempo) se provou, afinal, habilidade e competência inatas, características que todo bom empreendedor deve ter. O engenheiro, quem diria, sempre foi, na verdade, um gráfico. E, se vivo, como bom filho de italiano, Romulo Samorini certamente diria a Tullio: "Ben fatto, figlio mio!".

Sérgio Rogério de Castro e a Fibrasa

Mas podem me chamar de Fibrasa. Se preferirem, Sr. Tenacidade

Sérgio Rogério Castro merece, com reverência, este título. Mas, para falar de Sérgio, e com ele apreciarmos seus passos de sucesso, é necessário falar de uma empresa referência no mercado de embalagens plásticas.

Com a missão de gerar satisfação de forma perene e responsável para os seus clientes, fornecedores, colaboradores e acionistas, além de desenvolver uma série de ações de responsabilidade social nas comunidades onde está instalada; tendo como visão ser referência em gestão industrial no setor de embalagens termoformadas e injetadas com base na metodologia TPM, tecnologia de ponta, primando pela sustentabilidade; como valor a qualidade, tendo como primeiro compromisso desenvolver pessoas, valorizar o cliente, mantendo o maquinário em perfeitas condições para alcançar a eficácia com a melhoria contínua dos processos, assumindo uma política de qualidade que prioriza o crescimento sustentável e tendo como maior objetivo a continuidade no mercado sempre primando pela qualidade e inovação, a Fibrasa faz jus ao seu slogan: transformando e evoluindo.

Destaque Preferência 2011 em pesquisa da Revista Pack (cobre toda a cadeia produtiva do setor de embalagens, abordando temas como sustentabilidade, responsabilidade social e ambiental, design e projetos) dentre os melhores fornecedores do mercado de embalagem no Brasil e na América Latina na categoria embalagens plásticas Termoformadas; Prêmio SESI de Qualidade no trabalho 2006, Categoria Média Empresa com o Projeto Coaching Industrial; finalista nacional do Premio FINEP de Inovação Tecnológica em 2006; e Prêmio Basf de Excelência Fornecedores 2010 são a concretização da tenacidade de Sérgio e seus filhos porque muita correnteza turbulenta rolou por baixo dessa ponte antes da Fibrasa se constituir nesta potência no mercado de embalagens.

DE SAQUINHOS DE PLÁSTICO À FIBRASA – UMA EPOPEIA DE SUCESSO

Mas essa história não começa assim. A saga da Fibrasa começa em Muriaé, Minas Gerais, no ano de 1971, quando, apoiado por seu sogro Atalydes Moreira de Souza, Sérgio assume, sob condições negociadas com os vendedores, uma empresa de saquinhos de plástico. Daí para frente, ele - posteriormente extensivo a toda família - e o plástico viveriam momentos de desafios, angústias e êxito. Essa empreitada não deu certo. Os antigos proprietários não honraram os compromissos. Mas Sérgio e seu amigo e sogro já vislumbravam que o mercado de plástico era um bom negócio.

Em 1972, em visita a indústrias de São Paulo, Sérgio toma conhecimento de uma inovação, aliás seu forte por natureza, no ramo: o saco plástico trançado ou, tecnicamente, saco de polipropileno ou, ainda, saco de ráfia, que à época viria substituir os sacos de algodão e a sacaria de juta.

Entusiasmado com a possibilidade, Sérgio - é sempre bom que se diga - começa a escrever o projeto de construir uma fábrica para a produção do produto. Escrever o projeto. Fantástico! É como assinar um termo de compromisso com você próprio.

A ideia inicial seria instalá-la na própria cidade de Muriaé, dado a proximidade com a cidade de Campos, norte do Rio de Janeiro, onde havia um pólo açucareiro que consumia 12 milhões de sacos por ano. Mas eis que o destino lhe reserva um caminho diverso. Por informação do cunhado Eduardo, estudante de medicina em Vitória, toma conhecimento de que o Espírito Santo tinha então grandes possibilidade de desenvolvimento e que o Banco de Desenvolvimento do Espírito Santo (Bandes) estava oferecendo linha de crédito para novos empreendimentos. Sérgio decide vir para o Espírito Santo, e então surge um obstáculo para o Sr. Tenacidade. O banco já tinha um projeto igual e não financiaria os dois, sugerindo uma parceria. É dessa parceria que nasce, em 10 de julho de 1972, a Fibrasa, com o projeto de produzir 70 toneladas de sacaria de ráfia por mês.

São muitas idas e vindas. Aliás, devido a isso é que Sérgio faz uma advertência: "o empreendedor bate muito com a cara na porta até conseguir algo". O Bandes desiste do projeto alegando que não era interessante para o estado, uma vez que o mercado era do Rio de Janeiro e a matéria prima para fabricação do produto também não era capixaba. Enfim, produzir sacaria de ráfia no Espírito Santo não era viável para o Estado.

Entrementes, com mudança na Gerência de Projetos do banco, o projeto foi visto por outro ângulo. Ao contrário da análise anterior, considerou-se que Campos é próximo de Vitória, que a mão de obra seria daqui e que a matéria prima importada desembarcaria nos portos do estado e esse conjunto de fatores geraria riqueza para a economia capixaba. O Bandes adota o projeto que conta também com a aprovação do Grupo Executivo para Recuperação Econômica do Estado do Espírito Santo (Geres) e incentivos fiscais do Governo Federal através de isenção de impostos e depreciação acelerada.

E, então, surge um terceiro obstáculo. Os sócios desistem do negócio. Sérgio, ou Sr. Tenacidade, e o seu amigo sogro novamente estão sós. É quando entram na história empresários de Plásticos do Paraná, que tinham naquele estado fábrica igual ao projeto da Fibrasa, local que técnicos do Bandes haviam visitado para analisar o projeto de Sérgio. Após intensas negociações, espera, ansiedade, o negócio é fechado com 60% para a Plásticos do Paraná e 40% para Sérgio e seu sogro, por exigência da primeira, que já tinha maturidade no mercado. Em agosto de 1973 é assinado o primeiro contrato de financiamento com o Bandes e as obras são iniciadas.

Para instalação do parque industrial, Sérgio, sempre acompanhado do sócio-amigo-sogro, arriscou, ousou. Apostou no Civit quando a região era ainda apenas um projeto de pólo industrial em fase de terraplanagem, sem energia, água, esgoto, telecomunicações e afins. Entretanto, no término da obra já havia a infraestrutura necessária, exceto de telefone, que teve que ser improvisado estendendo-se um cabo por mais de 6 km de distância até onde chegava a rede telefônica.

Pronto! Vamos produzir. Vamos vender. Nada disso! O Sr. Tenacidade só conseguiria vender seus sacos de ráfia para embalar açúcar uns 15 anos depois. E não foi por preguiça. Primeiro houve um boicote dos técnicos do então Instituto de Açúcar e do Álcool

(IAA) em favor dos produtores de saco de algodão de Pernambuco - onde mais tarde a Fibrasa se instalaria mantendo até hoje seu parque industrial sempre inovado - e Alagoas que, através de normatização, obrigavam a todos os produtores de açúcar do país a embalar seus produtos em sacos dessa espécie. Para equilibrar a situação, Sérgio tentou vender sua produção para agricultores do Mato Grosso do Sul. Não deu certo. Os produtores não pagavam alegando que a safra não deu lucro. Nessa época chegou a vender sacaria com garantia de uma fazenda como hipoteca. Ao final, descobriu-se que a assinatura do contrato era fraudulenta. A oportunidade de reequilibrar as contas foi quando os moinhos de farinha de trigo resolveram comprar a novidade.

Outros obstáculos ainda viriam a compor o leque desse extraordinário empreendedor tenaz, inclusive a crença no governo - vai acreditar! -, no engodo do "plante que o João garante" adquirindo uma fazenda com recursos próprios no sul da Bahia. Mas venceu. A Fazenda Fibrasa, em Itamaraju-BA, produz hoje carne, café, pimenta do reino, cacau e madeira de eucalipto.

Em 1985, novamente com o apoio do Bandes, e com o aumento da produção agrícola graças ao Plano Cruzado, o mercado de sacaria se expande, e com ele a Fibrasa, cuja produção cresce de 90 para 180 toneladas/mês (antes era de 70/90 toneladas) com a venda alcançando outros estados. À época, a empresa e a Plásticos Paraná dividiam o mercado. A primeira vendia do estado de São Paulo para cima e a segunda do mesmo limite para baixo.

Mas novas dificuldades surgiriam. Em 1987, o país entra em crise e o "risco Brasil" cresce. A Fibrasa fica sem possibilidades de importar as máquinas que necessitava para implementar seu novo projeto de produzir copos descartáveis e embalagens para margarina e manteiga, cuja produção total, fechada, já tinha comprador garantido. Situação que só seria sanada em 1989, mas, então, viriam os três anos de recessão do governo Collor. Mais uma vez, nova superação para o Sr. Tenacidade.

Em 1994, cedendo à insistência do seu filho Leonardo, começava a nascer a Fibrasa Nordeste, localizada em Abreu e Lima-PE, região metropolitana de Recife. A primeira unidade de embalagens termofadas da região nordeste. Sérgio conta que, depois da inauguração, ouviu de mais de 10 empreendedores que pensaram em fazer um fábrica semelhante. Pensaram, mas não fizeram. Ele fez! Os clientes da região foram os maiores motivadores do investimento. A empresa é um sucesso desde a sua inauguração em 1996. Sérgio Filho, atual Presidente da Fibrasa, mudou-se para Pernambuco e ficou lá por quase 7 anos. Giuliano, o filho mais novo, engenheiro, também morou lá por cerca de 3 anos e lhe deu um neto pernambucano.

Então chega o ano de 1998. Divisor de águas. A Fibrasa tinha duas linhas de produção: a de sacaria de ráfia e a de embalagens rígidas. A primeira já dava sinais de esgotamento, oferecendo baixa rentabilidade. Decisão: desativar a produção de sacaria e inovar a linha de embalagens rígidas. Sérgio registra que o coração doeu com a decisão. Daí para frente, a empresa se torna a fortaleza que conhecemos.

RECEITA DE SUCESSO DE SÉRGIO ROGÉRIO DE CASTRO

As primeiras palavras de Sérgio para falar de sua receita foram para dizer que, desde suas mais longínquas lembranças, sempre soube que queria ser um industrial. Note bem, não apenas um empresário, mas um industrial. Um empresário que fabricasse alguma coisa, um produto real e concreto. E desde cedo perseguiu este sonho! E conseguiu, como vimos, uma vez que seu principal empreendimento hoje é uma das maiores indústrias de transformação de plásticos do Espírito Santo, uma referência nacional de qualidade e de presença no mercado.

Claro que - quanto à "receita", motivação maior dessa obra de nomes de sucesso - Sérgio começa dizendo que não há receita de sucesso. O que existe, segundo ele, é uma história, que - seguida pelos outros - poderá ajudar quem almeja ao sucesso... E o primeiro movimento que ele aponta, que sempre marcou e ainda marca sua vida inteira, é a aplicação. A intensa dedicação àquilo que se faz. O trabalho como móvel fundamental para atingir os objetivos e o sucesso. O trabalho, não como punição na tradição judaico-cristã: "Ganharás o pão com o suor do seu rosto", mas o trabalho como orgulho da condição humana, como na tradição budista. O trabalho como prazer e vocação do ser humano. Ele lembra então o lema do estado do Espírito Santo: "Trabalha e confia", que muito aprecia! E que se atribui a São Tomás de Aquino, o grande filósofo, doutor da Igreja Católica.

Outro ponto importante que frisa é o objeto do desejo. "Desde muito cedo, sempre quis, sempre almejei, sempre tive o sonho de ser industrial." E o mais estranho, ele frisa, é que - apesar deste sonho - quando fazia sua ficha nos hotéis ele levou muitos anos para ter a coragem de colocar no item "profissão" a qualificação de industrial. Como se isso fosse uma coisa tão importante, e de tanta responsabilidade, que lhe faltasse coragem de assumir... A situação de industrial, cheia de dificuldades, imprevistos, só fez com que sua admiração aumentasse com o tempo. Não apenas pela admiração sonhadora de sua infância, mas já pelo reconhecimento, pelo trabalho, pelo conhecimento e reconhecimento da complexidade da atividade industrial, que requer muito, mas muito trabalho. Tanto que costuma dizer aos filhos: "Olha, eu estou deixando uma coisa boa, mas que requer muito trabalho! Não se iludam..." Por isso, brinca, está deixando três (possui três filhos: Sérgio, Leonardo e Giuliano) para fazer o trabalho que ele fazia sozinho...

Outro ponto fundamental em sua vida, ele frisa, é a questão do compromisso. Ele fala isso num momento importante de mudança, em que começa a atuar pesado na política, na qualidade de suplente do senador Ricardo Ferraço. E frisa que o conceito de compromisso na indústria é diferente da política. Não que na política não haja compromisso, também há, para o político ético. Mas, na indústria, o compromisso é inflexível e sagrado. Pagar a folha de pagamento não admite interpretações no final do mês. O compromisso de pagar os salários é algo que lhe tirou o sono a vida inteira, saber que dezenas, centenas de famílias, dependem da certeza e pontualidade daquele compromisso... E que aquele pagamento representa um respeito e um reconhecimento daqueles que estão trabalhando com você. Compromissos com clientes, fornecedores, credores, são sagrados e essenciais para o sucesso! Não precisa estar escrito, basta a palavra... Ele relata que já teve prejuízos "homéricos" para cumprir compromissos; já entregou muitos pedidos com prejuízo para não falhar com o cliente. Na receita empresarial, o compromisso é ingrediente *sine qua non*, essencial!

O ingrediente seguinte desta receita é o constante aprendizado: estar sempre disposto a ouvir, respeitar os outros e aprender. Uma grande dose de humildade, embora haja até uma certa arrogância em ser empresário e ousar o tempo todo... Esta parte do aprendizado foi fundamental na vida de Sérgio. "Eu aprendi que aprender é valioso." Este aprendizado é eterno e incessante, e há até um velho ditado que diz que quanto mais sei, mais sei que nada sei. Parte importante do pensamento socrático mais ortodoxo. Por isso, ele criou também nos filhos esta capacidade de ouvir e de aprender. Este processo de aprendizado consiste também em apreciar e reconhecer que ninguém faz nada sozinho, que a montagem, manutenção e prestígio de uma equipe são essenciais para o sucesso. Saber ouvir. Capacidade que, sem dúvida, neste momento da vida de Sérgio, será fundamental para o exercício da atividade política. Ouvir sendo mais importante do que falar. Ao passo que, na indústria, falar é essencial para vender tanto ideias como produtos.

Avançando mais, a capacidade empreendedora aparece como condição do sucesso empresarial. O saudoso líder capixaba Sergio Ceotto, prematuramente falecido, dizia que ser empresário é arriscar, construir, por em jogo um investimento de risco. E Sérgio Rogério complementa, até mesmo dever, ou seja, saber contrair dívidas que resultem em empreendimentos lucrativos e que as pague, claro, dentro do princípio do compromisso antes mencionado! Dizia mais Sergio Ceotto, que havia poucos empreendedores industriais em nosso estado porque o industrial é sempre um empreendedor de alto risco! E Sérgio Rogério lembra, neste momento, como aprendeu esta percepção da atividade empresarial. Ele o fez na farmácia de sua tia, onde passava horas olhando o movimento, a entrada de dinheiro, o registro e controle do faturamento, o atendimento, o que encantava e inspirava o menino que queria ser industrial!

Mais um ponto importante e que, segundo filhos, amigos e parceiros, é parte essencial da personalidade deste empresário, e, consequentemente, de sua receita: a organização. E ele lembra que aprendeu isso organizando viagens de estudos e lazer em sua vida universitária de estudante de engenharia na então Escola Nacional de Engenharia, no Rio de Janeiro, onde estudou. Captando recursos escassos, organizando roteiros, otimizando o uso destes recursos, mantendo o grupo coeso e organizado. Ele reconhece aqui um aprendizado para toda sua vida. Esta experiência, em princípio banal, no entanto, marcou sua percepção, juntamente com a vivência na pequena farmácia, da importância da organização. Diz a lenda que o grande mestre Peter Drucker, talvez o maior de todos na administração contemporânea, costumava mandar seus alunos observarem pequenos empreendimentos, pequenos processos organizacionais, para que percebessem num microcosmo como operam as coisas simples, que devem ser mantidas nos grandes complexos organizacionais. Michel Gerber, outro grande mestre contemporâneo, autor do livro "O Mito E.", diz que não existe empresa pequena... Existe empresa que vai morrer ou vai crescer... E este é o mito: o de que o pequeno empresário é diferente do grande... Sérgio foi pequeno, Otacílio Coser foi pequeno, Aylmer Chieppe foi pequeno.

Vladimir Godoy, que em 1987 dirigiu um filme contando a história dos primeiros 15 anos da Fibrasa, ao qual deu o título "Um sonho", um estudioso e apaixonado pela atividade empresarial, que lidera o programa "Negócios de Sucesso", o mais antigo da televisão brasileira no gênero, é também um apaixonado pelo pragmatismo, não apenas como filosofia que perpassa toda a tradição do pensamento norte americano, e que teve como grande mestre William James, mas como atitude empresarial decorrente desta posição filosófica. Pragmatismo que quer dizer praticidade, realismo, respeito ao mais simples e ao mais comezinho dos acontecimentos, objetividade e clareza. E esta é uma característica de Sérgio, ser extremamente pragmático no seu dia a dia, em suas empresas e em sua vida pessoal. Olhando sempre com objetividade para uma visão clara de futuro. Observando sempre uma atitude enxuta e clara, que muitas vezes confunde o observador com frieza, mas, longe disso, é fruto do respeito ao fato, à verdade, à experiência, talvez resultado de seu aprendizado de engenharia, como já observamos, entre outros, em Aristóteles Passos, José Armando ou José Luiz Galvêas, também engenheiros.

Finalmente, mas não menos importante, aparece em sua receita o espírito associativo. Que o estudioso e professor Marcos Troyjo aponta como fator essencial do sucesso. Sérgio presidiu a Federação das Indústrias do Espírito Santo (Findes), exerceu vários cargos em associações profissionais, e hoje atua intensamente como suplente de senador. Não apenas como um simples suplente, ele frisa, mas desde a eleição, atuando proativamente e não apenas de forma acomodada, como se estivesse sentado num banco de reservas... Ele diz que dedicou muito tempo, mas muito tempo de sua vida ao trabalho político empresarial associativo, e ainda pretende mais dedicar!

Questionado sobre um possível conselho ou luz para as gerações ou os leitores que desejem ser melhores ou maiores empresários do que já o são, ele não hesita: fazer o que gosta. E isso significa também diversidade, mudança constante, inquietude característica da paixão. Hoje Sérgio Rogério de Castro é industrial, líder empresarial, empreendedor imobiliário e até fazendeiro! E de grandes terras e grandes investimentos. E recomenda: cuide da sua sucessão. Tem três filhos, todos estudiosos e trabalhadores. Atuantes na empresa, cada um em sua área, o que permite a ele estar no Conselho, há mais de 5 anos, ativo e vigilante, porém, sem função operacional. E cuidando dos cinco netos. Para que a empresa, crescendo ainda mais, em vez de três, venha a ter oito cuidado dela, e assim continuando a crescer e a orgulhar este homem feliz, esta vocação precoce de industrial, este cidadão de primeira linha!

CONSIDERAÇÕES FINAIS

Inquieto desde o início - Castro já atuou nas áreas da agropecuária, imobiliária, industrialização de pescado, proprietário de indústria metalúrgica - e tendo por principio básico não fazer aos sócios o que não gostaria que fizessem com ele (aliás, diz que gostaria de ter em seu epitáfio: "foi um bom sócio!") a história de Sr. Tenacidade - Presidente do Sistema Findes de 1989 a 1992, só não sendo reeleito por opção de dedicar-se integralmente à sua Fibrasa - é um exemplo de como um empreendedor deve ser persistente, obstinado, sonhar e viver para concretizar seu sonho e ponto final.

Ponto final? Não. Essa história de tenacidade e sucesso ficaria totalmente incompleta se não tirássemos do anonimato Athaydes Moreira de Souza (sócio-amigo-sogro), Presidente da Fibrasa até vir a falecer de mal súbito em meados de 1983, quando Sérgio, então com 40 anos, assume a presidência da indústria. Agora sim, ponto final.

Salvador Turco e a União Engenharia

Um empreendedor nada convencional

Pode-se definir Salvador Turco com apenas duas palavras: fé e alegria. Desde menino, orientou sua trajetória por esses princípios que estão transparentes na sua vida. Salvador dirige a União Engenharia apoiado pelas três filhas e uma equipe que o admira e segue como líder. Mais que uma simples empresa, a União é hoje um centro irradiador de tecnologia e inovação e um exemplo para o Espírito Santo e o Brasil. Além de empresário, Salvador é um cidadão dedicado ao Terceiro Setor, onde atua como empreendedor social, sempre dentro do seu espírito público e da sua crença em Deus, na família (Salvador Turco possui seis filhos: primogênita Priscilla, Tatiana, Karina, João Pedro, Thiago e Carolina, esta, filha de coração), no trabalho e no Brasil.

Acreditando que, para vencer, é preciso ter fé. Que a fé quebra todas as barreiras. Que o adubo da fé é o sonho. Que o sonho motiva a fé e a fé realiza os milagres, Salvador Vasques Auriema Turco, tão simplesmente quanto profundamente Salvador Turco, hoje presidente da União Engenharia, da qual foi fundador, já atuou como diretor do Centro Capixaba de Desenvolvimento Metal Mecânico, conselheiro da Findes, suplente da diretoria do Sindifer, conselheiro da Organização Nacional da Indústria do Petróleo ONIP, e atualmente é diretor do Sindimecânica, tem como clientes, entre outros, as empresas: Acergy, ArcelorMittal, Baker Hughes, Suzano, Andrade Gutierrez, Engenix, Exterran, Fibria, Tecchip, Halliburton, Kawasaki, Man, Misawaco, Petrobras, Saipem, Samarco, SBM off shore, Shell, Sol Coquera, Subsea 7, Suncuke, ThyssenKrupp, Vale, WellStream. Nada mais, nada menos que gigantes nacionais e internacionais. O que, por si só e por isto mesmo, demonstra competência e vontade de ser. E, - imaginem! - tudo isso aconteceu quando ele decidiu viajar em um fusca. Como assim?

Vamos primeiro conhecer brevemente um "certo detalhe" na vida deste homem de FÉ e CRENÇA nos "palpites divinos" que lhe renderam sua grandeza. Quando chegou ao Espírito Santo, em 1972, Salvador Turco migrava de São Paulo com seu amigo (quase um "anjo anunciador") Amintas Fermindo de Meira, que havia lhe prometido que assim que se recuperasse de um acidente de trânsito - que lhe deixou cerca de um ano sem poder se locomover, período no qual Turco dedicadamente cuidou do amigo, oferecendo-lhe desde comida até banho e limpezas nos ferimentos - ajudaria Turco a realizar seu principal objetivo: sair de São Paulo, ambos com o desejo de construir uma nova vida em outras paragens. Esse amigo, reconhecendo sua dedicação e cumprindo a palavra um dia disse-lhe: "Está na hora de partir. Vamos?" Sem vacilar, Turco entrou no fusca do amigo e juntos vieram para a terra que ele reverencia dizendo: "Espírito Santo, que nome lindo! Quem não precisa de um consolador? E ainda tem uma capital que se chama Vitória".

Tinha então 17 anos, e foi residir na Glória, ao lado da Chocolates Garoto, empresa na qual mais tarde surpreenderia, como técnico da indústria. Surpreenderia o então respeitado fundador e presidente, o também empreendedor de sucesso Helmut Meyerfreud, propondo a construção de um "chocoduto" para transporte do chocolate. Um "sinal" das suas habilidades logísticas que se manifestariam maduras em 1978. Ou seja: Turco, já naquela época, pensava logisticamente, embora não tivesse noção disso, como relembra bem-humorado. Aliás, uma das qualidades genuínas desse empreendedor de sucesso.

Antes da Chocolates Garoto, Turco fora operário numa empreiteira da Cia. Vale do Rio Doce, trabalhando como auxiliar na área de tubulação industrial. Em 1973, na multinacional Cristiani Nielsen, aprendeu uma profissão: encanador industrial. Depois da Chocolates Garoto, trabalhou na construção da Samarco Mineradora até 1977, quando as obras finalizaram. Então, entra em cena o ano de 1978.

UMA EMPRESA DE SUCESSO

Salvador Vasques Auriema Turco é a União Engenharia e a União Engenharia é Salvador Vasques Auriema Turco. Não se pode falar de um sem falar na outra, e vice-versa. A história de um é a história da outra.

Fundada em 1978, a União Engenharia (o nome, não por acaso, é "união" para mostrar a importância de se unir, de se trabalhar no coletivo) conta com duas unidades: a matriz, localizada em Vila Velha, e a filial, no norte do Espírito Santo (Sooretama). Seu parque industrial é equipado para fabricação de uma ampla linha de equipamentos com a mais avançada tecnologia do setor, capaz de atender aos rígidos padrões internacionais de qualidade e confiabilidade. O sistema de logística é o seu grande diferencial, com veículos e equipamentos modernos de manuseio e transporte, como sustenta Turco: "Tanto na vida empresarial quanto em qualquer outro aspecto da vida é preciso ter um diferencial. É importante dar a resposta de maneira dinâmica e veloz". E é exatamente este diferencial a marca deste empreendedor de sucesso.

E nasceu de um sonho e de uma necessidade. Relembra Turco: "abrir a empresa surgiu do instinto de sobrevivência. Eu tinha uma vontade grande de crescer profissionalmente, de expandir os negócios. Na construção da Samarco, eu havia galgado todos os níveis das funções que desejava. Foram dois anos e meio. Comecei como encarregado, técnico, fui até supervisor geral de tubulação. Tudo com a mesma filosofia que aprendi na infância (tempo do qual Turco ainda nos reserva muitas preciosidades). Nesse período, eu também estava muito próximo a Deus, o que me dava mais força para continuar".

O primeiro passo foi o planejamento. Para abrir a empresa, colocou em prática um dos seus principais talentos, uma das ferramentas mais exigidas ao empreendedor de sucesso: a observação. "Percebi", conta-nos, "que os serralheiros que existiam não entregavam o serviço a tempo nem entregavam o trabalho de maneira correta. Vi também que o serralheiro recebia 50% do pagamento adiantado, e isso me dava condição de comprar a prazo. Procurei alguém que pudesse me fazer um empréstimo. Eu ia receber minha indenização por ter trabalhado na Samarco, e em seguida pagaria o empréstimo. Depois que consegui o dinheiro, comecei a fazer os contatos e a me comprometer em entregar o trabalho no prazo e com qualidade."

Aqui já se delineiam três características do empreendedor de sucesso: análise do mercado - comprometimento - qualidade. E iniciativa do investimento.

Onde instalar o negócio? Turco conta que mais uma vez teve um "palpite divino", dentre tantos outros que fariam parte da sua caminhada de sucesso. "Dentro do ônibus, meditando na intimidade com Deus [só ele sabe o quanto é sublime a meditação], pedi para Ele me mostrar um lugar para eu montar minha serralheria. Vi uma portinha no bairro da Glória [ouso dizer, em nome de Turco: Oh!, glória, Senhor], em Vila Velha." Desceu do ônibus e foi falar com o proprietário do imóvel.

Surpresa! A área estava reservada para uma pessoa que no dia seguinte iria fechar o negócio. Obstinado, e crendo em Deus, Salvador não desistiu. Não fugiu da luta: a fé remove montanhas. Na manhã seguinte, voltou ao local e, junto com o proprietário, ficou aguardando a pessoa que havia reservado o imóvel chegar. Dessa feita, não foi surpresa. A pessoa não apareceu. Salvador alugou o imóvel e iniciou sua exitosa empresa com então com 45 m^2.

Hoje, a União Engenharia - ou União Fabricação e Montagem Ltda. - está com uma matriz de 45.000 m^2 (é isso mesmo: 45 mil) e uma filial de 63.000 m^2. Foi inaugurada em 1978, quando Turco tinha 24 anos. Começou com dois empregados, e hoje tem cerca de 2.000 pessoas colaboradoras na empresa (distribuídas entre matriz, filial e obras). Naqueles idos de 1978, o empresário ficava acompanhando o cotidiano dos moradores do bairro (tecnicamente falando: monitorando o mercado) e observou que os pais tinham que consertar os brinquedos dos filhos, soldando velocípedes e carrinhos. Então (aí estava uma necessidade do mercado), colocou uma placa (comunicação com o mercado, visibilidade) na frente da serralheria informando que consertava brinquedos gratuitamente (dar oportunidade do mercado testar o serviço). Não precisaríamos dizer que o resultado foi esplendoroso.

Outra estratégia do empreendedor, no mínimo curiosa, que se mostrou primorosa. Turco visitava delegacias e pelos boletins de ocorrência tinha conhecimento das residências que haviam sido roubadas, então ia de porta em porta (personalizar os clientes) oferecendo seus serviços. Sucesso total. E, ainda, oportunizava a ocasião aproveitando para oferecer aos clientes construção de muros, calçadas. Ou seja: diversificava o "mix" dos serviços.

Turco reunia em si as três características do empreendedor convencional: visão de mercado, senso de oportunidade e poder de persuasão. Mas Turco não era (não é!) um empreendedor convencional. Seu diferencial é a fé inabalável em Deus.

A empresa crescia e crescia. Até funcionários das grandes empresas nas quais trabalhou tornaram-se seus clientes. Relembra Salvador: "os pais daquelas crianças que viraram meus clientes, foram trabalhar nessas grandes empresas e me indicavam (ser referência no mercado) para seus chefes".

Dez anos depois (sim, apenas dez anos depois), em 1988 a empresa necessitou de um espaço maior, indo para o bairro de Itaparica, também em Vila Velha. Razão disso? Nada mais, nada menos porque a União Engenharia (na época conhecida como Metalúrgica União) tinha que atender a encomenda de construir a Catedral Mitra Diocesana de São Mateus. Aliás, em se tratando de obras, a União foi responsável pela construção do grande teleférico do Parque do China, situado na região de montanhas do estado, e desenvolve projetos desse porte para clientes de fora do Espírito Santo, como o da Cidade das Crianças, no Rio de Janeiro.

Depois, a conquista de outro grande empreendimento, a ampliação da então Aracruz Celulose, colocava mais vigas nesse majestoso edifício empresarial que se erguia. Depois viriam as ampliações da Samarco, da Vale do Rio Doce e da, então, CST, e o empreendimento se rebustecia.

Com a missão de fornecer soluções integradas em engenharia, compra, fabricação e montagem de empreendimentos nas áreas de energia, indústrias de base e infraestrutura, promovendo geração de riqueza, inovação, segurança, desenvolvimento profissional, respeito ao meio ambiente e responsabilidade social com valores baseados no **empreendedorismo**, no **comprometimento**, na **inovação**, no **espírito de servir**, na **valorização do ser humano**, na **ousadia** e no **entusiamo**, a União Engenharia atua nas áreas de Offshore (Equipamentos Submarinos), Óleo, Gás e Energia, Mineração, Siderurgia, Papel e Celulose, Construção Civil, Hospitalar e Saúde. Todo esse processo está assegurado pelo conhecimento adquirido ao longo de sua história de sucesso e pelas certificações NBR ISO 9001, ISO 14001, OHSAS 18001 e por outras certificações e registros.

Na União Engenharia, o grande diferencial é que o cliente apresenta sua necessidade e a União produz a solução. A cara de Salvador Turco.

RECEITA DE SUCESSO DE SALVADOR TURCO

Deus. Não é nada estranho, o que à primeira impressão parece ser. Sim, é isto mesmo: Deus. É nEle que o empreendedor e empresário Salvador Vasques Auriema Turco destaca seu princípio fundamental para o sucesso, ao lado da Fé, da Determinação e da Perseverança. Deus, Fé (que, nas palavras do empreendedor, "realiza milagres"), Determinação e Perseverança constituem o quarteto para o sucesso: a plena realização das aspirações e dos desejos de concretizar algo importante para a humanidade.

Para Salvador Turco, o "sentir" a presença divina em todos os momentos da existência e a certeza de que Deus age com sabedoria (em favor dos que Lhe são dedicados!) é a essência do sucesso. Em síntese: a base do sucesso é a sabedoria e o temor a Deus!

Nesta certeza é preciso considerar também o tempo (grande valor da vida que deve ser utilizado com parcimônia, "com entendimento e conhecimento das regras"). Nas suas palavras: "o tempo é um bem precioso que não pode ser desperdiçado".

Mas para Turco, realizar empreendimentos, é, sobretudo, dedicação e transpiração: "a vontade (de criar) tem que ser materializada", recorda, destacando que só no dicionário o "S", de sucesso, vem antes do "T", de trabalho. Equilíbrio e prudência ("não ser medroso nem corajoso"; "agir na medida certa") são ferramentas eficientes e eficazes ao lado da vigilância e da oração (lembra o ensinamento bíblico: "vigiai e orai"). Vigiar é um dever operacional dos empresários empreendedores nas suas realizações, e orar é relacionar-se com Deus ("para tirar ou evitar as pedras no caminho") e dar sustentabilidade para enfrentar os desafios. Turco afirma - e sua palavra merece respeito por tudo quanto realizou e realiza, ou seja, tornando sonhos empresariais realidade – , que o grau de dificuldade impulsiona a criatividade e oferece às pessoas a oportunidade de sair da "zona de conforto" que as conduz à acomodação. Nada pior para um(a) empreendedor(a) que almeja o sucesso .

Além dessa viga religiosa (não é sem sentido que a empresa tem no seu frontispício: "feliz é a casa cujo Deus é o Senhor" - Salmos 33:12), Turco aponta para a importância da ética empresarial, da transparência, da atenção ao cliente ("não ser egoísta"), da valorização da qualidade do produto, da necessidade de atendimento ao outro, da entrega do produto no tempo correto e na prática do preço justo. Tudo por "amor ao próximo". O relacionamento com o cliente, destaca, é um ativo social nobre da empresa e não tem como ser dimensionado. O suporte para esses comportamentos está no trabalho diferenciado, que deve ser o ethos da empresa. Aliás, Salvador reflete dizendo que no dia a dia da família o fazer diferenciado tem que ser uma constante associando, assim, práticas empresarias à qualidade da vida em família, em comunidade. É uma atitude que não está nem "para além" nem "para aquém" do exercício profissional, é, antes, um comportamento de vida!

No que tange à materialidade da empresa, Turco alerta que, antes de tudo, é necessário que se tenha um bom projeto planejado em terreno sólido. Nas suas palavras: "subir a escada é fácil, difícil é comprar a escada". O planejamento e a adequação para contemplar as necessidades do mercado não podem ser desprezados.

Para o planejamento, é imprescindível uma rede de relacionamentos e de informações (os relacionamentos adquiridos pelo empreendedor quando trabalhou na Construtora Cristani Nilsen, na CST - hoje Arcelor Mittal -, na CVRD, na Chocolates Garoto, na Samarco, na Aracruz Celulose - hoje Fibria Celulose - foram essenciais, além de, atualmente, o Programa de Desenvolvimento de Fornecedores Locais patrocinados pela Findes e pelo Sebrae). Para conhecer e realizar o mapeamento do mercado, Turco usou da criatividade; característica genuína dos empreendedores de sucesso: utilizou-se dos Boletins de Ocorrência da Polícia Civil e por eles identificou onde estavam os potenciais clientes para seus produtos (grades e portões). Assim, constatou uma necessidade de mercado. Cabe enfatizar que, para Turco, é vital que o produto (ou serviço) deve satisfazer uma necessidade do mercado. Cita a calçada cidadã como exemplo de oportunidades, pois a sua não construção pode resultar em danos morais aos idosos motivo de ação judicial.

Considerando ainda que a empresa deve ser técnica e humanitária ("máquinas e equipamentos a gente compra; pessoas a gente conquista"), é necessário organizar-se jurídico e contabilmente. Qualificar os colaboradores, administrativa e operacionalmente. Essa qualificação é exemplificada por empregados de carreira que hoje assumem cargos na diretoria, além das próprias filhas de Salvador: uma na diretoria administrativa, outra na financeira e outra na jurídica e de suprimentos.

Para um legado, destacamos algumas pérolas da sabedoria empreendedora de Salvador Turco. Mas, antes, um recado para os governantes: "Os governantes têm que entender que o governo é o pai da nação. E para alimentar seus filhos, são necessários tipos diferentes de alimentação e incentivos. A micro e a pequena empresa, por exemplo, precisam de uma carga tributária condizentes com suas possibilidades. É preciso ter um diferencial na lei que regulariza os tributos. Cerca de 50% das empresas fecham no primeiro ano porque são vistas nas mesmas condições das que possuem 10 anos de experiência. Dessa maneira, os bem-sucedidos estarão sempre em menor número neste País". O que significa alertar para a relevância da equidade social.

Eis o legado:

· Um lema: "Há três caminhos para o sucesso: temência a Deus, gratidão e boa vontade".

· No princípio, muita motivação e renúncia (lembremos suas palavras: "o tempo é vital e deve ser utilizado com sabedoria"): Salvador começou suas atividades "empresarias" aos 10 anos engraxando sapatos e vendendo picolés. (Destaca que a vantagem de começar cedo, apesar de perda dos prazeres da infância e adolescência, é que "o conhecimento vem mais cedo"). O empreendedor também teve dificuldades em estudar uma vez que na sua época faculdades eram escassas. Para os adultos e idosos (o empreendedor está com 57 anos) recomenda: independente da idade é necessário ser jovem, "ter a criança no coração".

· O empreendedor é como um atleta. Deve se exercitar "constantemente". O exercitar contínuo torna-o apto a ter mais sucesso. Ter maiores possibilidades de vencer. "Ninguém é campeão sem exercitar-se".

· O sucesso, assim como todas as recomendações, não tem receita com um único ingrediente. É um conjunto de várias condicionantes e nenhuma delas deve ser desconsiderada. Mas – atenção! –, existe uma certeza de um único item para uma receita de sucesso ou insucesso: "querer agradar a todo mundo é a receita para o insucesso".

· A adversidade faz parte do processo. Cria dificuldades de sobrevivência, mas a necessidade de sobreviver nos tira da zona de conforto e isso gera criatividade e perseverança.

· Ser empreendedor é acreditar naquilo que quer (sonha) realizar e estabelecer regras e cumpri-las. Em uma palavra: é ser aplicado.

· É preciso ser audacioso e propor soluções. "Ah, se os honestos tivessem a audácia dos desonestos!"

· "Tudo na vida precisa de um aprendizado. Ninguém nasce predestinado. Ninguém nasce andando, falando. As pessoas aprendem do zero, como eu aprendia. Uma coisa que eu aprendi, que nunca esqueço, é o aprendizado do amor. Para amar, é preciso aprender, é um exercício. E aprender a amar a sua profissão é outro exercício, assim como amar ao próximo. A vida de qualquer empreendedor é um eterno aprendizado".

· "É muito melhor ter prazer pelo que faz do que ter orgulho. O orgulho leva à vaidade" - (ele tem prazer de ser brasileiro!).

· E o mais significativo: "siga as orientações de DEUS. Como? Orai! Ele vos mostrará os caminhos".

CONSIDERAÇÕES FINAIS

Inegável que a fé moveu montanha para Salvador Turco. É verdade que esse empreendedor - muito além de mero empresário - criou, inovou, cresceu e multiplicou com a determinação de uma rocha firme na qual a semente foi plantada. Homenageado pela Federação das Indústrias do Espírito Santo - Findes / Instituto Brasileiro de Executivos de Finanças - Espírito Santo, como empresário de destaque do ano de 2008 e 2009, e eleito Líder Metalmecânica através do prêmio Líder Empresarial 2012, promovido pelo programa Negócios de Sucesso da TV Vitória/Rede Record, Salvador Turco, pelo êxito dos seus empreendimentos, seguiu com constância a sua visão de mundo refletida nas suas palavras: "Eu acredito em três pilares que impulsionam o sucesso de um empreendedor: em primeiro lugar, o temor a Deus, que nos leva à sabedoria; em segundo, a gratidão, pois quem tem gratidão pode ter certeza de que sempre será lembrado por alguém; e em terceiro, a boa vontade. O sucesso vem com naturalidade quando as pessoas fazem esses três pilares. Outra coisa importante é ser bem-humorado, ver a vida de maneira positiva. Dizem que nem os anjos ficam perto das pessoas mal-humoradas".

É pela gratidão que a União Engenharia mantém a Associação Corina Leite Ribeiro (Acole). Dirigida por sua filha Priscila Turco, a Acole foi criada em 16 de abril de 1994. Localiza-se na Barra do Jucu, Vila Velha (onde hoje também funciona a União Engenharia). É um elo de integração da empresa com a comunidade e bairros vizinhos visando a promover a qualidade de vida e o progresso profissional. É uma instituição sem fins lucrativos, alicerçada na excelência dos princípios, realizando ações socioeducativas, solidárias e sustentáveis na promoção da qualidade de vida e progresso profissional. Desenvolve atividades na área da educação geral e ambiental, profissionalização, cidadania, geração de renda, atendendo cerca de 300 pessoas diariamente.

Contudo, nada disso seria divino se não soubéssemos que Salvador Vasques Auriema Turco, nascido na cidade de Santos, litoral de São Paulo, teve uma infância trabalhando para sobreviver e ajudar a família. E com um agravante: perdeu o pai aos 10 anos de idade. Nos anos 1960, vendeu picolé, foi faxineiro, engraxate e atendente de lanchonetes. Como diz bem humorado: "Eu inventei o 'três-em-um': engraxava sapatos, vendia picolé e vendia revista. O lado positivo dessa fase foi o aprendizado que obtive no relacionamento com as pessoas. Esse foi o meu maior lucro".

E desde essa tenra idade, Turco aplica a lógica de trabalho que o ajudaria em toda a sua caminhada de sucesso. Galgar um degrau de cada vez na escada da vida, pessoal e profissional. Aos 12 anos era faxineiro e desejava ser balconista. Recorda: "A maioria já queria ser gerente do restaurante. Mas era preciso ter paciência. Não pensava ainda em ser patrão, e isso acabou sendo de grande sabedoria para mim. As pessoas não devem querer chegar ao topo de uma hora para outra, isso é algo fora da realidade". Ensinamento que vale entrar para o rol das suas "pérolas de sabedoria".

Ele teve tanto paciência quanto perseverança, outra de suas tantas extraordinárias qualidades. Um dia o gerente faltou ao trabalho e Turco o substituiu por uma semana. Resultado: o patrão percebeu sua qualidade para o cargo. Turco se tornou gerente. A humildade, diz, é fundamental para a pessoa se guiar pela vida e deve ser exercitada desde cedo. Faz a pessoa aprender pelas suas próprias experiências e não ouvindo os já experientes.

Em Cubatão, também em São Paulo, Turco trabalhou como atendente no Bar do Povo, frequentado por trabalhados das maiores refinarias do país, onde fez muitas amizades e desenvolveu o dom de se comunicar com uma diversidade de pessoas. Habilidade de comunicação que seria mais um diferencial para o seu sucesso.

E foi lá, em Cubatão, no Bar do Povo, que conheceu o amigo com quem, num fusca, embarcou e desembarcou em terras capixabas, e o Espírito Santo agradece tê-lo como um dos seus empreendedores de sucesso.

Porém, reconhece agradecido (e louvando) após sua aproximação a Deus nos idos dos anos 1970. Naqueles dias, relembra: "Eu vi que, sem Deus, eu só sofria. Sem Ele, ninguém consegue nada. Deus é como o ar que você respira. Não se vê o ar, mas você o sente e não consegue viver sem ele".

Aristóteles Passos e o Inocoopes

O herdeiro empreendedor

Ele faz questão de definir-se não como empreendedor, mas como herdeiro e sucessor. Metódico, afável, diplomático mesmo, reflete com precisão a herança recebida: uma empresa impecavelmente organizada e eficiente. De um velho prédio no centro velho de Vitória, cuidadosamente restaurado, ele dirige a empresa com rédeas curtas, precisas, mas democraticamente. Exerce seu papel de sucessor e prepara a sua própria sucessão. Não é à toa que em sua vida e receita em primeiro lugar está sempre a família.

Nascido em Vitória, no ano de 1956, Aristóteles Passos Costa Neto lidera, ainda hoje, o grande negócio que começou a ser levado adiante, em 1968, por seu pai, Arizio Varejão Passos Costa, em conjunto com outros parceiros: o Inocoopes. Quando a empresa foi fundada, Aristóteles não estava inserido, naturalmente, no mercado de trabalho - afinal, contava apenas uma dúzia de anos. Mas os momentos que antecederam a aproximação entre seu destino e o da empresa não lhe escapam à alçada. Segundo o empresário, as dificuldades iniciais foram muitas e as mais diversas, tendo em vista que o trabalho de iniciar um negócio, em certa medida inédito em nosso meio (a atividade cooperativa de habitação), era bastante árduo, sobretudo por ser um programa bastante novo do, à época, recém-criado BNH. Ou seja, não havia ainda uma cultura, em âmbito nacional e estadual, desse tipo de produção de unidades habitacionais através de cooperativas.

Aristóteles, formado Engenheiro Eletricista pela PUC do Rio de Janeiro, em 1979, só ingressaria na empresa, de fato, no ano de 1982, depois de, em 1980, se pós-graduar em Administração pela mesma instituição onde se formara e trabalhar por dois anos como engenheiro na Furnas Centrais Elétricas S/A, que tinha sede também no Rio. Desde então, sua carreira de sucessos, exercendo um papel fundamental de liderança (e, claro, de perpetuador do legado do pai) dentro da empresa, tem sido bastante exemplar. Em 1982, aliás, ele adentrava a empresa como assistente da Diretoria Administrativa e Financeira para, hoje, ocupar o posto de Diretor Presidente de tão vigoroso empreendimento.

Engana-se, no entanto, quem pensa que esse longo hiato entre a criação da empresa em 1968 e a inserção de Aristóteles em seu âmago, em 1982, é de fato verídico. O empresário conta como, desde muito jovem, os programas de fim de semana com o pai muitas vezes o levavam a canteiros de obra, onde observava a paixão e o talento de seu pai ao lidar com o negócio que ainda começava a dar os primeiros frutos. Não é de modo algum impossível vincular esses anos primeiros de convívio com o Inocoopes ao seu futuro interesse e disposição de levar à frente a empresa. É, na verdade, muito compreensível que esse momento tenha sido fundamental para traçar o destino de uma carreira que, aparentemente, poderia se restringir à atuação na área de Engenharia Elétrica.

Para falar em expansão de horizontes, a propósito, basta citar a ampliação das ações da carreira de Aristóteles Passos desde que trocou a Furnas Centrais Elétricas S/A pelo Inocoopes, em 1982: além de ter galgado um percurso valioso que o levou de assistente da Diretoria Administrativa e Financeira ao cargo de Diretor Presidente, o líder foi diretor do Sindicato da Indústria da Construção Civil do Espírito Santo (Sinduscon) por dois mandatos - entre 1998 e 2004 -, presidente do mesmo sindicato entre os anos de 2004 e 2010 e, ainda, vice-presidente da Federação das Indústrias do Espírito Santo (Findes) por sete anos - de 2004 a 2011. Sua participação efetiva no cenário da Grande Vitória também se deve à ocupação de importantes cadeiras nos principais conselhos de desenvolvimento urbano da região, como nas prefeituras de Vitória, Vila Velha, Serra, Viana e Guarapari. Outro marco de sua carreira foi, ainda, a representação da construção civil brasileira no Conselho Curador do FGTS, onde foi conselheiro suplente por quatro anos, na cadeira da Confederação Nacional da Indústria.

RECEITA DE SUCESSO DE ARISTÓTELES PASSOS

Não são nada raras as vezes em que, quando se pergunta a um líder, ou a um empreendedor de sucesso, sobre sua trajetória, a resposta é peremptória: "História de empresário é tudo igual". Num gesto de modéstia, todos se consideram idênticos, tendo passado por percursos que creem ser enfadonhos para os ouvintes; mas quando cada um começa a elaborar à viva voz a sua história, rememorando fatos importantes (bons ou ruins) de sua carreira, de repente começam a aparecer as individualidades que, juntas, podem firmar uma receita de sucesso um tanto quanto global.

No princípio de uma conversa com Aristóteles Passos, a toada é a mesma, porém, logo o empresário teve a sensibilidade de perceber que uma narração mais informal poderia dar conta perfeitamente de uma trajetória de sucesso. Assim, quando se pede para que ele fale sobre o início de sua história, o líder responde: "Foi bom vocês perguntarem isso, porque quando a gente escreve, a gente acaba colocando as coisas de maneira muito racional".

Aristóteles não demora, ao narrar seu percurso no Inocoopes e na vida empresarial, a relacionar seu vínculo com o meio à relação fundamental que sempre manteve com o pai, Arizio Varejão Passos Costa: "Eu considero a minha trajetória produto direto de uma relação que eu sempre tive, tinha e continuo tendo com o meu pai. A gente diz o seguinte: existem os líderes e os empreendedores; existem líderes que não foram empreendedores, empreendedores que não são líderes. Eu me considero um líder que não necessariamente foi um empreendedor, no sentido de criar e fundar um negócio. Eu considero que exerci minha liderança pegando uma coisa já pronta e fazendo-a prosperar. Então, eu não posso me creditar na condição de que 'Aristóteles fez a empresa, Aristóteles criou o negócio, Aristóteles foi o gênio que criou isso'. Não fui eu. Quem criou isso foi meu pai, com outros parceiros".

Contudo, cabe observar com extrema atenção como o caminho profissional de um engenheiro que começa a trabalhar em Furnas logo após se graduar no Rio de Janeiro acaba tocando o destino da empresa: "Eu sempre estudei muito, fui pro Rio cedo. Saí de Vitória com dezesseis anos. Fui estudar, fazer meu curso de engenharia. Mas eu sempre tive uma ligação muito forte com o Inocoopes por causa do meu pai, porque ele sempre foi um grande entusiasta desse negócio. Ele foi um dos fundadores e deles foi o que permaneceu na empresa até recentemente. Agora ele se desligou. E eu acompanhei muito a trajetória do meu pai na adolescência".

O que aconteceu, afinal, para levar Aristóteles Passos de volta a Vitória para atuar de maneira tão empenhada e brilhante na empresa fundada pelo pai? Ele procura explicações: "Eu fui pro Rio estudar, fiz minha pós-graduação, trabalhei na área em que me formei, fui engenheiro de Furnas e me dava muito bem com aquilo. Mas a gente nunca sabe explicar o que acontece na cabeça da gente num determinado momento da vida, quando a gente dá aquele estalo e resolve fazer uma coisa que não tem nada a ver com o que planejou. Eu planejei ser engenheiro eletricista, trabalhar no sistema, trabalhei em Furnas, adorava aquilo. Mas chegou o momento em que alguma coisa dentro de mim dizia o seguinte: 'Aristóteles, você quer ser outra coisa, quer seguir os caminhos do seu pai, quer tocar aquela empresa ou prefere continuar onde está?' Eu não sei bem o que houve, me encantei e troquei um emprego estável por uma atividade empresarial de disputa de mercado. Assim, voltei para Vitória dois anos e meio depois de formado. E vim trabalhar com meu pai, que abriu um espaço para mim na empresa".

Esse preâmbulo de uma história de sucessos jamais se desvincula, como se pode ver nas palavras de Aristóteles, da relação com o pai. Por isso, ele continua: "Eu acho que essa ligação familiar, acompanhando a trajetória do meu pai, que foi sempre uma pessoa dedicada, muito brilhante no que fez com muito talento e muita dedicação, colaborou muito. E eu me empolguei, me entusiasmei com aquela oportunidade toda. E o filho, quando gosta do que vê o pai fazendo, acaba se espelhando e quer seguir o caminho". O empresário tem, ainda, a sensibilidade necessária no que diz respeito à questão da sucessão; assim, ele abre um importante parêntese na história: "Eu tenho três filhos. Eu estou tentando encontrar nos meus filhos alguém que quer fazer a mesma coisa. Não é fácil. Cada um segue seu caminho. Então você não pode dizer: 'Ah, vou fazer meu filho gostar de fazer isso!' Não é assim, a coisa não é ortodoxa, pragmática assim. A coisa não é cartesiana assim. Você não faz seu filho sucessor. É preciso você sentir que ele quer fazer isso e que tem aptidão. Eu acho que comigo aconteceu isso".

Sua própria história, portanto, em que vemos um engenheiro cambiar para uma trajetória arrojada e desenvolta na área de negócios, lhe dotou dessa percepção aguçada do mundo. Do mesmo modo, podemos dizer, funcionava a cabeça do pai: "Meu pai pôde perceber que eu tinha disposição e vontade. E aí o que aconteceu? Meu pai me deu oportunidade. Aí o líder aparece, o empresário aparece. A oportunidade aparece e a pessoa que tem um pouco de aptidão para aquilo - eu não digo nem talento, mas um pouco de aptidão - começa a desabrochar, começa a florescer". Arremata, assim, Aristóteles, essa salutar introdução à sua carreira: "O empreendedor começou a surgir quando foram dadas para ele condições de dar a continuidade a um trabalho já iniciado". E, como adendo, serve a especial visão de mundo que um curso de engenharia, assim como a experiência atuando como engenheiro, lhe emprestou: "O meu curso de engenharia foi fundamental para minha atividade profissional. O padrão de raciocínio do engenheiro ajudou muito na minha visão de mundo. Sobre minha pós-graduação em Administração, eu acho que a Administração deveria ser sempre um curso de pós-graduação, porque dá conceitos de gestão que ajudam muito numa carreira, como aconteceu no meu caso".

Esse perfil de um profissional que realizou, por vontade própria, um trânsito entre áreas à primeira vista tão díspares (posto que necessariamente complementares) ajuda a elaborar uma receita de sucesso muito instigante. Uma vez dentro do circuito empreendedor, Aristóteles Passos conheceu um mundo com relações bastante diversas daquelas encontradas no meio técnico da engenharia; contudo, não foi difícil para o empresário estabelecer-se como pessoa forte numa empresa que lhe corria nas veias. Para ele, a propósito, a postura do empreendedor tem que passar por alguns pontos muito claros que ele, naturalmente, já apresentava *a priori*, mas que se desenvolveram visivelmente quando entrou de vez na empresa de seu pai. O líder empresarial não titubeia ao afirmar que, em sua empresa, os administradores sempre encontraram a orientação de agir com absoluta transparência na relação com o cliente, mantendo sempre a seriedade e a honestidade, mesmo ao lidar com terceiros. A dedicação ao trabalho é item igualmente fundamental nessa doutrina a ser seguida no dia a dia, sempre articulada a uma interlocução atenta e cuidadosa com o mercado.

O empresário não se esquece, ainda, de que existem alguns elementos na gestão de um negócio que impõem ao líder uma série de obstáculos a serem vencidos com muita perspicácia. Entre esses aspectos, Aristóteles elenca três principais que, segundo ele, são dignos de nota: em primeiro lugar, posicionar adequadamente a empresa no mercado, uma vez que a concorrência é constante e crescente, gerando uma competitividade impossível de ser contornada; além disso, deve-se dar um destaque à administração dos recursos humanos, pois é estritamente necessário identificar o potencial e a motivação das pessoas envolvidas no ambiente de trabalho, só assim o bom líder consegue criar políticas de valorização e a consequente retenção de indivíduos de talento sem que isso gere muitos custos financeiros para a empresa. Por último, ele lembra que nada disso se alcança sem que haja uma capacidade inata de prospectar negócios com potencial de sucesso, considerando, mais uma vez, que o mercado é extremamente profissional e competitivo.

O cenário capixaba, para Aristóteles Passos, tem se mostrado visivelmente promissor para a continuidade do crescimento de uma empresa como o Inocoopes. Ela tem a virtude de já estar consolidada neste cenário como marca respeitada no segmento em que atua, mas jamais perde de vista o fato evidente de que os tempos provocam incessantes mudanças, aumentando sempre a concorrência, já que algumas empresas, para conseguir seu lugar, por vezes lançam mão de políticas audaciosas e arrojadas. O Inocoopes, além de buscar o frequente crescimento, trabalha arduamente para manter a tradição que já está consolidada em seus mais de quarenta anos de sucesso: mantém-se o conceito da empresa, mas nunca se perde de vista a necessidade de inovar permanentemente para poder manter-se competitiva no mercado.

Se há um conselho que Aristóteles Passos gostaria de deixar bem explícito para novos empreendedores, é nunca perder o entusiasmo em relação à carreira empreendedora. Aliás, ele recorda, muito a propósito, que empreender não é o mesmo que ser proprietário de um negócio. Um legítimo empreendedor pode aproveitar seu potencial prestando serviços para outrem. Entretanto, se o objetivo for ser dono de um negócio, não se pode desanimar com as dificuldades que inexoravelmente virão, enfrentando-as com a vivacidade necessária. Neste momento, o líder capixaba deixa uma mensagem que muito aprecia: "Para ter sucesso, o seu desejo de sucesso deve ser maior que o seu medo de fracassar".

De igual modo, quando perguntado se acredita na existência de uma receita de sucesso, Aristóteles responde prontamente: "Alguém disse: 'a genialidade é 1% inspiração e 99% transpiração'. Não sei se isso é uma verdade, mas acredito que, para o alcance do sucesso, a mensagem também é muito válida. Não há crescimento e nem sucesso sem muito trabalho e dedicação".

Sua receita final, como não poderia deixar de ser, observa, então, pontos que o empresário encontrou em sua própria carreira e questões de natureza mais ampla. É preciso, para ele, antes de tudo, saber o que se quer fazer para, então, gostar deveras daquilo que se deseja fazer. Em face das adversidades que sempre aparecem num negócio, é necessário gostar de trabalhar, além de ter uma facilidade no relacionamento interpessoal. O tempo, que é um elemento fundamental no mundo empreendedor, deve ser bem gerido, assim como os recursos humanos disponíveis, que devem ser valorizados e bem observados no cotidiano da empresa. Ao lado da força para se levar um negócio adiante, por fim, o líder revela que é fundamental saber utilizar racionalmente os recursos financeiros evitando custos exacerbados que, muitas vezes, se mostram desnecessários.

COMENTÁRIOS FINAIS

A ligação entre Aristóteles Passos e o Inocoopes é visivelmente estreita, incluindo os importantíssimos laços de sangue. Viu-se como a relação com o pai, Arizio Varejão Passos Costa, foi fator decisivo para a entrada do empresário no negócio pelo qual seria responsável quase integralmente na maturidade. A empresa familiar, como se poderia esperar, tem dramas e desgastes; por isso, Aristóteles tanto chamou a atenção para o fato de que o membro da família que pretende entrar na empresa não só deve estar disposto a assumir uma responsabilidade maior como também ter talento, vocação e um especial apreço pelo trabalho. Além de tudo, é preciso, naturalmente, estar bem preparado para a tarefa. Sobre isso, ele afirma: "Eu tinha talento e vocação, mas não estava preparado. Era imaturo para uma empresa familiar. Eu amadureci na empresa, conquistei respeito dos meus pares".

Ao longo desses anos de experiência, em que se trilhou um caminho muitas vezes tortuoso, o empresário pôde avaliar melhor sua trajetória, reconhecendo o trabalho dos demais. Assim, ele conclui que é importante saber aliar maturidade, competência e capacidade, dizendo: "Tenho mais consciência do que é ser empreendedor, líder e executivo. Tive a capacidade de dar continuidade ao negócio de sucesso e mantê-lo assim".

Numa história tão importante sob diversas perspectivas, a despeito da fundamental proximidade com o pai, Aristóteles não deixa de citar o papel imponente que a esposa tem em sua vida. Para ele, ela é parceira e espelho, tudo o que construíram e o que virão a construir é fruto de um trabalho conjunto. Em vista disso, ele brinca, sem perder a sobriedade: "Ela é a verdadeira empreendedora da nossa família. É dentista há 34 anos, formou sua clientela e está na ativa até hoje, quando poderia ter vivido à custa do marido". É uma receita de sucesso que assim escreveu-se com importantes parcerias – sobretudo a paternal e a matrimonial –, deixando uma mensagem, colhida da própria fala do empreendedor, vibrando no ar: "Quem trabalha com paixão não trabalha, se diverte".

Rodrigo Gomes deAlmeida e a Morar

A síndrome do "filho do dono"

"Desculpe o transtorno, estou em obras". Se pudesse, Rodrigo Gomes de Almeida carregaria sempre consigo uma plaquinha com esses dizeres. Para ele, o verdadeiro líder nunca está pronto, mas em constante processo de formação. "Estamos em contínuo trabalho de aprendizado e sempre podemos melhorar. Aquele que acredita que não tem mais nada a aprender, não tem condições de liderar uma equipe", afirma. Fala bastante pertinente e que vai ao encontro das sábias palavras ditas certa vez por Guimarães Rosa: "Mestre não é quem sempre ensina, mas quem, de repente, aprende".

Desde que o mundo é mundo, um dos principais desejos das pessoas é possuir a casa própria. Pequena, média ou grande. Simples ou luxuosa. Casa ou apartamento. Não importa. Sinônimo de segurança para a família, o sonho do imóvel próprio é o negócio da Morar Construtora. "Você sonha, a gente entrega." Slogan repetido várias vezes por Rodrigo Gomes de Almeida, atual Vice-Presidente de Incorporação, Marketing e Vendas da Morar. Posição conquistada por mérito, após 20 anos de atuação na empresa, livrando-se do que ele mesmo classifica como "A síndrome do filho do dono". Vencer a desconfiança de seus pares e conseguir provar o seu valor, entretanto, não foi nada fácil.

Quando garoto, o principal programa de domingo de Rodrigo era sair com o pai, Sebastião, para visitar as obras que estavam em andamento. Eles saíam com toda a família para acompanhar o curso dos trabalhos e verificar de perto cada passo de tudo o que estava sendo feito. Nesses passeios despretensiosos de final de semana, começou a se formar aquele que hoje é um dos mais jovens líderes do mercado imobiliário capixaba. "Lembro bem de quando comecei a atuar na Morar. Não foi trabalhando diretamente na empresa. Foi quando ganhei meu primeiro computador e, nele, de casa, comecei a fazer os contratos da construtora", conta.

Com uma grande afinidade pelos números e pelas ciências exatas, desenvolveu o primeiro programa de folha de pagamento dos funcionários da empresa e adquiriu e implantou um software para fazer a contabilidade. Estudante do curso de Engenharia Civil, iniciou um estágio na construtora e logo recebeu a incumbência formal de fazer os contratos. Acompanhava os corretores nas avaliações dos imóveis e participava das reuniões de fechamento de negócios com os clientes. "Por ser o filho do dono, tinha uma percepção muito grande da empresa, porém, este também era um papel muito ingrato. Para conquistar o meu espaço, precisava ganhar a confiança das demais pessoas da equipe e demonstrar que eu tinha condições de estar lá."

Esta sempre foi uma grande preocupação de Rodrigo. Para ele, mais importante que provar o seu valor para seus pares, era fazê-lo para o seu pai e para si mesmo. "Debaixo de árvore grande, não nasce nada. Os galhos escondem o sol e protegem da chuva. Não queria ficar 'debaixo' do Sebastião. Era importante mostrar a minha personalidade e trilhar um caminho próprio." Foi quando, em 1998, recebeu o convite de José Eduardo Kossatz, então presidente do Sindicato da Indústria da Construção Civil do Espírito Santo (Sinduscon), para fazer parte da diretoria do órgão. Lá, Rodrigo pôde constatar que diversos empresários de sucesso da área não haviam trilhado o mesmo caminho que seu pai. "Foi um período muito bom, pois pude conhecer outros tipos de liderança e perfis de gestão. A experiência de conviver com profissionais de outras convicções e formações foi importante para ver o mundo da construção sob novos prismas."

Os seis anos na diretoria do Sinduscon fizeram com que ele despontasse como um importante personagem do segmento no Espírito Santo e reconhecido representante da categoria, sendo convidado a assumir a presidência da Associação das Empresas do Mercado Imobiliário do Espírito Santo (Ademi). Em sua gestão, implantou no estado o Programa Brasileiro de Qualidade e Produtividade no Habitat (PBQP-H). Em sua opinião, essa foi sua primeira realização profissional. E, contraditoriamente, fora da Morar. "Eu tive, também, sucesso fora da empresa. Isso foi muito bom. Tanto que, pelo trabalho desenvolvido no Sinduscon, fui convidado a assumir a presidência da Ademi, onde fiquei por três mandatos, de 2003 a 2009. Esses trabalhos foram paralelos às minhas atividades na Morar. Esse convívio simultâneo foi fundamental para mim."

Na Ademi, outra grande realização do empresário foi a criação do Prêmio Ademi, que reconhece os principais destaques do segmento da construção civil e do mercado imobiliário do Espírito Santo e cuja primeira edição foi em 2005. "Esta foi uma empreitada muito difícil e ousada. Não imaginava que seria tão trabalhoso, mas tivemos sucesso. Nessa época, percebi a importância da equipe. Não se faz nada sozinho. É preciso vender a sua visão para os outros e fazê-los embarcar com você, assumindo juntos os riscos e saboreando as vitórias em conjunto."

Os 15 anos de atuação no associativismo renderam visibilidade para Rodrigo, que classifica os resultados desse período em três níveis. "Primeiro foi a possibilidade de encontrar o meu espaço; segundo, a chance de conquistar reconhecimento no mercado fora da Morar; e, por último, foi o desenvolvimento do meu perfil de gestão." Este último é, para ele, o mais importante. "A síndrome do filho do dono me acompanhava e um dos principais questionamentos que eu fazia a mim mesmo era se eu tinha que ser igual ao Sebastião. Aos poucos, fui me permitindo aceitar que podia e devia ser diferente e que minha missão era dar uma nova cara ao negócio, sem deixar de dar continuidade ao que ele iniciou, porém, imprimindo a minha marca pessoal."

Nessa trajetória, além dos pais, outras figuras foram importantes na sua formação e aconselhamento profissional. "Certa vez, procurei o Aylmer Chieppe, do Grupo Águia Branca, para pedir orientação. Sempre o admirei e respeitei pela sua história de vida pessoal e profissional. Lembro-me como se fosse hoje o conselho que ele me deu: 'se o momento está bom, aproveite-o'. Parece simples e óbvio, mas essas palavras me encorajaram a tomar algumas decisões fundamentais para a Morar." Entre elas estava, em 2006, a formalização de uma parceria exclusiva com a Cyrella Brazil Realty, a maior incorporadora do país na época.

Rodrigo foi o responsável por toda a negociação e condução dos trabalhos em conjunto que proporcionaram a realização de empreendimentos maiores, com áreas de lazer excepcionais e atendendo ainda mais às necessidades dos clientes, como, por exemplo, o Aldeia Parque, que contempla os condomínios Igarapé, Itatiaia e Itaúna. Naquela ocasião, o mercado imobiliário brasileiro estava extremamente aquecido e as vendas superaram todas as expectativas. "É como um surfista que fica no mar à espera da onda perfeita. Quando ela vem, ele precisa aproveitá-la, pois não se sabe quando outra irá vir. Por isso, não podemos nos dar o luxo de perder nenhuma oportunidade."

Com a constante preocupação de mostrar seu mérito, a preparação pessoal sempre foi um dos pontos fortes do jovem empresário. Ele realizou três cursos de pós-graduação, sendo um deles na Universidade de Harvard, nos Estados Unidos, uma das mais conceituadas do mundo. Além disso, a Morar integrou, por 10 anos, o primeiro grupo no Espírito Santo do programa Parceiros para a Excelência (PAEX), da Fundação Dom Cabral (FDC), atualmente a principal escola de negócios e formação de executivos do Brasil, com reconhecimento internacional, período no qual atuou fortemente na melhoria da gestão da construtora, com orientação dos professores da FDC. A melhoria contínua é uma de suas características pessoais mais fortes e, por isso, ele faz questão de, anualmente, realizar um novo curso. "Não podemos parar nunca. A inovação é uma das marcas da Morar, herança muito importante deixada por Sebastião que sempre será, também, a minha maior escola", declara orgulhoso.

Por falar em inovação, o pioneirismo permeia toda a história da Morar Construtora, que completou 31 anos em junho. Em 1993, 12 anos antes da exigência da Convenção Coletiva, a construtora já oferecia almoço aos operários das obras. No ano seguinte, iniciava o projeto Escola de Alfabetização, em parceria com o Serviço Social da Indústria (Sesi) e a Secretaria de Estado da Educação (Sedu), destinado aos funcionários de 1ª a 4ª série. Mais tarde, o programa seria ampliado também para os colaboradores da 5ª a 8ª série. Atitudes que mostram claramente o respeito da Morar por sua equipe, bem como seu compromisso com a responsabilidade social.

Outro importante marco na trajetória da empresa veio em 1998 quando, ao implantar o Sistema da Qualidade Total, ela foi a primeira construtora capixaba a obter a certificação ISO 9001. Em 1999, a Morar deu início à construção do edifício Anajá, em Jardim da Penha. O empreendimento foi o primeiro do Espírito Santo a ter paredes internas em Drywall, sistema que oferece flexibilidade aos projetos e facilita o acesso às instalações elétricas. Foi executado, naquela época, um total de seis edifícios com paredes internas nesse sistema, constituído de perfil metálico e placas de gesso acartonado.

Um acontecimento que Rodrigo também relata com muito orgulho é o fato de a Morar ter sido a primeira empresa a ver o potencial imobiliário da Serra. "Decidimos investir na região e construímos o primeiro edifício com elevador do município. Em seguida, iniciamos os empreendimentos de condomínios horizontais. Na ocasião, muitas pessoas do mercado diziam: 'Sebastião ficou doido' . Mas não nos desviamos dos nossos planos. É preciso acreditar, persistir e ter coragem e determinação para buscar o que se quer, mesmo que os outros digam que está errado", afirma. "Iniciamos a construção de condomínios fechados de casas com áreas de lazer, sendo pioneiros em levar imóveis de alto padrão para a Serra, onde nos destacamos em pesquisas de teste de produto da empresa. Nos levantamentos, 80% dos entrevistados conheciam a Morar no município. Provamos que estávamos certo", conclui.

Ao contar essa história, o executivo é enfático: "Inovação exige persistência". E, lembrando novamente da analogia do surfista, revela outro componente de sua receita de sucesso: visão. "É preciso desenvolver a capacidade de enxergar cenários para identificar onde está a onda." Determinação é a palavra-chave de Rodrigo. Quando se propõe a fazer alguma coisa, move tudo o que puder e precisar para conseguir chegar até o final de seu propósito. "Tenho muita força de vontade e, principalmente, foco. É importante focar em poucas coisas de cada vez. Se ampliamos muito, corremos o risco de não sermos bons em nada."

Ao fazer um balanço de sua atuação, ele constata que foi o responsável por direcionar, com mais ênfase, a Morar para a busca do cliente, por meio do marketing e da divulgação. Esta foi uma oportunidade de brigar por suas ideias e contribuir para o perfil inovador da empresa. "Eu propus a criação da Morar Vendas, um novo departamento da construtora, em que trabalharíamos com uma unidade de negócios localizada em instalações independentes, com o objetivo de comercializar os nossos imóveis, vendendo diretamente aos clientes em parceria com outras imobiliárias. Quando da criação desse departamento, me lembro das discussões, com a ajuda de Manoel Lopes, da NBS. Eu me recordo das brigas, de muito debate até conseguir criar essa estrutura."

Como Vice-presidente de Incorporação, Marketing e Vendas, seu desempenho reflete em todos os setores da empresa. Ele cuida desde a aquisição dos terrenos até a aprovação do projeto, realização de pesquisas de mercado, vendas e ações de marketing. Rodrigo é o responsável por definir o produto a ser colocado no mercado e, para isso, precisa olhar para fora da empresa, "pensar fora da caixa" e acompanhar as tendências de mercado. Além disso, encara, também, a função de representar a Morar em eventos externos e entrevistas. Para ele, sua atual posição é apenas uma continuação do que faz na empresa há quase 20 anos. "Olho para trás e fico feliz porque enxergo que consegui contribuir para a Morar chegar ao ponto em que está hoje e vejo a responsabilidade, como acionista e diretor, de continuar."

O próximo desafio do jovem executivo será assumir a direção da empresa junto com Bartira Gomes de Almeida, sua irmã. Nesse cenário, algumas dúvidas perseguem Rodrigo. "Trata-se de uma responsabilidade imensa e sempre me pergunto: 'Como vou conseguir imprimir a minha marca na empresa? Como vou vender a minha visão para todo o corpo da construtora'? Essas são questões muito desafiadoras para mim, mas são, também, meu combustível para ir em frente". Parafraseando o slogan da Petrobras, ele resume: "O desafio é a minha energia." Se, para ele, o desafio traz muitas dúvidas e questionamentos, para os fundadores da Morar o cenário é totalmente diferente. Avaliando toda a trajetória do filho, é com tranquilidade e serenidade que Sebastião e Delva, aos poucos, se afastam da gestão (preparando-se para ficar apenas no Conselho Administrativo), com a certeza de que a estabilidade e o crescimento da empresa estão seguros nas mãos da segunda geração de sócios.

João Carlos Pedrosa e a Rede Tribuna

A Tribuna: "O melhor e maior jornal do ES"

Para falar do extraordinário João Carlos Pedrosa é necessário conhecermos a história do Jornal A Tribuna, antes e depois da grande virada, e da Rede Tribuna de Comunicação. Mais precisamente: do cenário empresarial no qual Pedrosa se encontra no cerne e é o regente.

Avenida Jerônimo Monteiro, antiga Esplanada Capixaba. É ali que no dia 22 de setembro de 1938 começava a funcionar o jornal A Tribuna. Sem se incomodar com os tempos difíceis, Wallace Tadeu e Heráclito Duque de Freitas apostam na fundação do novo jornal que inaugurava uma nova forma de fazer jornalismo. Manchetes em corpo grande nas capas e nas páginas centrais, muitas ilustrações, farta cobertura esportiva, com característica bem popular. Três anos depois, já estampava na capa o slogan "O jornal do Espírito Santo". Naquele ano, o Espírito Santo tinha uma população de 750 mil habitantes, cerca de 22% da população atual, de 3.392.775 habitantes, segundo o IBGE em 2010.

Em 18 de abril de 1939, o jornalista cearense Lauro Reis Vidal passa a ocupar o cargo de diretor do jornal e é considerado o introdutor da imprensa moderna no Estado do Espírito Santo. Em 1941, a redação de A Tribuna era considerada a terceira do país em conforto. Um ano depois, o jornal ganha novas instalações na Av. Capixaba, nº 349, Centro, Vitória-ES. Em 1945, o controle da empresa passa para o grupo dirigido pelo Partido de Representação Popular. Posteriormente é vendido a políticos ligados a Ademar de Barros.

Quase trinta anos depois, em 1968, o jornal é adquirido pelo Grupo João Santos, que o controla até os dias de hoje. Fundado por João Santos, em Pernambuco, o grupo se destacava em várias linhas de empreendimentos, sendo proprietário, no Espírito Santo, da indústria de cimento Itabira, em Cachoeiro de Itapemirim. Em 1971 é transferido para a Ilha de Santa Maria, numa linha independente e com impressora offset. Endereço que ocupa até os dias atuais.

Fechado em 1972, a primeira edição na nova sede saiu em 7 de outubro de 1973. No ano em que faleceria o diretor do jornal João Santos Filho (acidente de avião no Paraguai onde o Grupo construía uma fábrica) um fato marcante: o incêndio criminoso das instalações do jornal, ocorrido na noite de 25 de maio de 1981, quando duas bombas foram jogadas em sua sede, provocando um incêndio que destruiu o setor de circulação, o arquivo e parte das máquinas impressoras.

Apesar do susto e do prejuízo, o jornal circulou no dia seguinte. Em 23 de março 1984, o jornal foi fechado após um tumultuado movimento grevista na redação. Era o fim da era do jornal em formato standard.

O JORNAL QUE ESTÁ NAS SUAS MÃOS: TRIBUNA TABLOIDE

Em 23 de março de 1984, o jornal fecha novamente, reabrindo em 02 de fevereiro de 1987, com a redação modernamente informatizada para os padrões da época tabloide, após desativação de três anos por força de uma greve, resultante da negociação exigida pelos funcionários. Neste dia o jornal circula pela primeira vez em formato tabloide. É reaberto sob o comando do jornalista Eustáquio Palhares, que foi o diretor de jornalismo até o mês de setembro do ano seguinte, quando a redação passou para a chefia do jornalista João Luis Caser, que está no cargo até então.

À época, o jornal já fazia parte de um grupo de comunicação que incluía uma rede de TV, afiliada ao SBT, uma rádio FM e uma AM em Vitória, e uma FM em Cachoeiro de Itapemirim.

A grande virada do jornal A Tribuna começa em 22 de novembro de 1995, já sob o comando do novo superintendente João Carlos Pedrosa. O jornal estreia com novo projeto gráfico, e em cores, elaborado pela empresa Innovation Media Consulting, dirigida por especialistas ligados à Universidade de Navara, Espanha. Vem moderno e arrojado. O jornal investiu também em mais recursos técnicos, com uma nova impressora com capacidade para imprimir até 45.000 exemplares de até 48 páginas por hora.

Em 16 de setembro de 1996, A Tribuna passa a circular também às segundas-feiras, atitude fundamental no processo de gestão do jornal. Na realidade, A Tribuna não circulava nem nas segundas-feiras e nem nos feriados. A atitude transformadora foi a de que era um jornal diário e que o leitor queria informação todos os dias. "O grande desafio, superado, foi o de motivar os jornalistas a trabalharem nos domingos, para publicar o jornal da segunda-feira, e também nos feriados. Hoje, isso é um fato normal e realizamos com jornadas de trabalho diferenciadas".

Paralelamente, o jornal concentra esforços em outras áreas. O setor de circulação é renovado e novas técnicas e sistemas de controle de distribuição são implantados. Há uma preocupação maior com o cumprimento de prazos e horários. E a redação passa por um novo processo de informatização, com computadores mais modernos e novos servidores.

Em 1997, o jornal obtém o maior índice de crescimento em percentual do País, com médias de 47,95% em dias úteis e 79,34% aos domingos, de acordo com o IVC - Instituto Verificador de Circulação. Também nesse ano, A Tribuna conquista o prêmio Colibri de Ouro, sendo eleito Veículo de Comunicação do Ano. Ainda em 97, agregando valores, o jornal lança a maior promoção de prêmios do Estado, a promoção Tribuna Dá de 10, ainda em vigor, que sorteia um carro 0 km todo mês. O jornal também apostou na publicação de pôsteres de artistas e, depois, de cadernos especiais na área de educação.

No aniversário de 60 anos do jornal, em 1998, o povo capixaba é brindado com um grande show ao ar livre, batizado de Baile da Cidade, tendo com atração a Orquestra Tabajara, do Rio de Janeiro. Uma festa, na Praia de Camburi, que reuniu mais de sete mil pessoas numa noite inesquecível. Em 1999, o jornal se consolida como líder de vendas em todo o Estado, de segunda à sexta, comprovado pelo IVC. O Ibope também indica a preferência do leitor capixaba, que aponta o jornal com mais leitores que o concorrente todos os dias da semana e em todas as faixas de idade. Já em 2000, o jornal conquista a liderança de vendas diárias e, desde então, é o líder e maior jornal do Espírito Santo.

Nos anos 2003 até 2008, A Tribuna foi agraciada com o prêmio Mérito Lojista como o melhor jornal do Espírito Santo, concedido pela Confederação Nacional dos Dirigentes Lojistas (CNDL).

Em 2009, A Tribuna faz uma nova interferência em seu layout, apresentando-se mais moderna e arejada, mudança que agradou a todos os leitores. Passa por uma releitura, valorizando vinhetas, padronização de colunas, fotos diferenciadas, ficando com aparência moderna e jovial, mantendo a seriedade e confiabilidade de seu conteúdo, formado por nove editorias (Cidades, Economia, Polícia, Política, Internacional, Opinião, Regional, AT2 e Esportes).

Atualmente, com média de 87.081 exemplares vendidos aos domingos e 57.571 exemplares vendidos nos dias úteis, A Tribuna é líder absoluto em circulação em todo o Estado e ocupa a 18ª posição no ranking brasileiro de jornais, estando entre os principais estados brasileiros em circulação: Rio de Janeiro, São Paulo, Amazonas, Minas Gerais, Goiás e Rio Grande do Sul (IVC junho 2012).

Da reabertura em 1987 até o momento atual, houve crescimento significativo também no número de funcionários atuando diretamente na redação. Um exemplo. Naquele ano, o setor fotográfico era composto por apenas três profissionais. Hoje, são mais de 12 fotojornalistas. Em praticamente todas as editorias houve reforço no número de pessoas.

Muitos foram os fatos marcantes nesses anos, mas dois podem se destacar. O primeiro: a visita do Papa João Paulo II ao Estado, em 1982. "Bem-vindo João de Deus" foi a manchete, com foto de página inteira. E o Segundo, o ataque terrorista às torres gêmeas, também mereceu esforço concentrado da redação, que produziu um jornal para publicação na tarde do mesmo dia, em 11 de setembro de 2001. Foram duas tiragens naquela data.

A marca A Tribuna encontra-se consolidada como a vitrine mais qualificada para a exposição de valor e a efetiva realização dos mais variados negócios. O jornal possui mais de 390 mil leitores diários - 3 vezes mais leitores que o concorrente. Circula em todos os 78 municípios do estado e em mais de 30 cidades do norte do Rio de Janeiro, sul da Bahia e leste de Minas Gerais, além de São Paulo e Brasília. No Espírito Santo, o jornal é fonte de informação, entretenimento e de negócios com resultado.

SLOGANS DO JORNAL

O primeiro slogan do jornal A Tribuna era "O jornal do Espírito Santo", já em 1941.

Na década de 1990, A Tribuna usava o slogan "O jornal que não se dobra", numa alusão óbvia ao formato tabloide, adotado em 02 de fevereiro de 1987.

Após as mudanças instituídas em 1995, A Tribuna adotou o slogan "O jornal que todo mundo lê". Com mais de cinco leitores por exemplar (de acordo com o Ibope), A Tribuna já era realmente o jornal mais lido em todo o Estado, e por pessoas de todas as classes sociais, sexo e faixas de idade, o que justificava a frase.

A partir do ano 2000, A Tribuna, já líder em circulação no Estado, passou a usar o atual slogan "O melhor e maior jornal do Espírito Santo", uma tradução literal da realidade.

A REDE TRIBUNA DE COMUNICAÇÃO

Além do jornal, o conglomerado de comunicação A Tribuna é composto pela Rede Tribuna de Comunicação composta pela TV Tribuna, rádios Tribuna AM e FM em Cachoeiro de Itapemirim, rádio Tribuna FM Vitória, Tribuna Online (provedor de Internet), empresas sediadas no Espírito Santo. Em Pernambuco, ainda possui a rádio Tribuna FM e a TV Tribuna.

Falemos um pouco de cada uma delas para melhor conhecermos as empresas do Grupo João Santos comandadas por João Carlos Pedrosa.

TV Tribuna – levando informação e entretenimento a toda população capixaba: afiliada do Sistema Brasileiro de Televisão (SBT), é vice-líder absoluta de audiência no Espírito Santo. A programação regional é um ponto forte na grade da emissora: são 12 programas de grande audiência em seus segmentos, liderados pelo Tribuna Notícias 1ª Edição. Os programas regionais desfrutam de grande admiração do público e despertam o interesse dos anunciantes. Com diversos focos, abordam o jornalismo e entrevistas, culinária, turismo e lazer, empreendedorismo, esporte, setor imobiliário e da construção civil, sustentabilidade e eventos. Um grande diferencial da TV Tribuna com relação às emissoras concorrentes é a distribuição da programação para todo o Estado com um único sinal, ampliando a audiência de forma exponencial sem onerar em custos. São 75 municípios onde vivem mais de 3,5 milhões de pessoas. Para o anunciante, garantia de menor investimento, maior audiência e melhor custo-benefício.

Tribuna AM: cada vez mais você! Mesclando música e informação na medida certa, a Tribuna AM é uma rádio alegre e interativa, onde o ouvinte tem voz e participação ativa.

Conectado ao mundo pelo Tribuna Online: relacionamentos, compras, notícias, música, filmes. Pela Internet, o homem se mantém conectado ao mundo e atualizado na velocidade dos acontecimentos. Pelo Tribuna Online, o internauta pode navegar, de forma rápida e precisa, entre as mais diversas notícias e acontecimentos diários, na velocidade que o mundo exige.

Tribuna FM - Viva a diferença: modernas e segmentadas, as rádios Tribuna FM combinam com os melhores ambientes e locais mais requintados. A audiência é formada por ouvintes maiores de 25 anos, das classes AB e C. São formadores de opinião de bom gosto e que estão no centro das decisões. Num meio em que a diversidade musical está presente em todas as mídias, a Tribuna FM opta pela qualificação. A programação privilegia o melhor da música brasileira e internacional, além de oferecer informativos noticiosos com os principais fatos e acontecimentos do Estado, do Brasil e do mundo.

Tribuna FM Cachoeiro: a Tribuna FM Cachoeiro entrou no ar no dia 30 de setembro de 1979. Eliakin Araújo, locutor da Rádio JB, do Rio de Janeiro, gravou um texto de apresentação com duração de quatro minutos, falando da cidade de Cachoeiro, suas personalidades, músicas, características. Em seguida, o locutor Evaldo Ramos entrou ao vivo, disse "Boa tarde" e anunciou a primeira música a ser executada: "O Que Será", com Chico Buarque.

A rádio teve sempre uma programação moderna e atualizada. Naquela época, tinha acordo operacional com a Rádio Cidade, do Rio, a Número UM em FM e primeiro lugar em audiência (Ibope). O principal locutor da Rádio Cidade, Fernando Mansur, uma vez por mês deixava o Rio de Janeiro para apresentar um programa aos sábados na Tribuna FM Cachoeiro, das 9h às 13h e das 17h às 20h. A cidade parava para ouvi-lo. Mansur trazia sempre consigo os lançamentos e exclusividades que tocavam na capital carioca e na Rádio Cidade. Foi ele quem ensinou os caminhos da locução de FM para os locutores da Tribuna FM, simplesmente porque gostava de Cachoeiro, da rádio e da equipe. Foi Mansur também quem produzir o primeiro conjunto de vinhetas para a rádio, gravadas pelo grupo Boca Livre.

A Tribuna FM tinha um privilégio com relação às outras rádios. Durante anos seguidos, por um acordo com a CBS, gravadora que produzia os discos de Roberto Carlos, a Tribuna FM Cachoeiro era a primeira rádio do Espírito Santo a receber, com exclusividade, os discos do Rei. O responsável por esta cortesia era Marcão Lima, da CBS, o pai do cantor Amaro Lima, da Banda Manimal. As outras rádios do Estado, até mesmo a Tribuna FM Vitória, reclamavam, mas esta foi, durante muitos anos, uma marca da Tribuna FM Cachoeiro.

A programação da rádio era mesclada com hits dos anos 70 e 80 e MPB. A rádio fazia muito sucesso. O programa "Canal Livre", com José Carlos Dourado, era "a voz da cidade", com denúncias, serviços à comunidade e música. Tocava o que o ouvinte queria ouvir.

Atualmente, a Tribuna FM Cachoeiro tem a mesma programação musical da Tribuna FM Vitória, tocando o melhor da música brasileira e internacional. Programação que garante à rádio um perfil de forte penetração nas classes AB e C, de ouvintes com 20 anos e mais. O slogan da rádio traduz sua vocação de tocar só o melhor da música: Viva a Diferença!

TV Tribuna - Recife: a TV Tribuna, canal 4, entrou no ar no dia 15 de novembro de 1991, levando à população pernambucana mais informação, conhecimento, entretenimento e diversão. A emissora se destaca pela qualidade e por sua programação local, refletindo espaços nobres para a propaganda regional, garantindo ao seus clientes-anunciantes o resultado dos esforços de mídia planejados, além de desenvolver suas atividades cumprindo seu papel social junto ao Estado e à comunidade. A TV Tribuna abrange a maior área de cobertura das emissoras de TV no Estado, através de um mesmo sinal. São 118 municípios, onde vivem mais de 6,5 milhões de pessoas, o que dá a possibilidade de serem vistos por mais de 83% de toda população de Pernambuco, conforme dados do IBGE.

Tribuna FM - Recife: a Tribuna FM entrou no ar no dia 06 de dezembro de 1993, com um novo conceito: a boa música direcionada a um público qualificado. Com este tipo de proposta e um formato comercial específico, oferecendo soluções de mídia para os seus cliente-anunciantes, a Tribuna FM 107,9 se consolida como um dos mais importantes veículos de comunicação de Pernambuco. Situando a programação diferenciada, para pessoas com perfil mais exigente, a rádio atinge um público segmentado na classe AB com 20 anos em diante e de significativo poder aquisitivo. Possui a maior cobertura em Pernambuco, com os mais de 67 municípios cobertos, onde vivem mais de 4,7 milhões de pessoas e é a opção certa com os melhores resultados para o mercado.

Com todos os horários repletos de boa música, a Tribuna FM destaca em sua programação um mix variado para atender ao mais exigente público: Tribuna Brasil, Tribuna Internacional, Tribuna MPB, Tribuna Flash Back, Tribuna Especial e Tribuna Anos 80.

JOÃO CARLOS PEDROSA

João Carlos Pedrosa da Fonseca nasceu numa família de comerciantes. Seu pai, Cristóvão Pedrosa da Fonseca, tinha "lojas de miudezas", como se chamava antigamente, que depois virou "loja de departamentos", no Recife, onde se vendia de tudo um pouco. Foi onde começou a trabalhar aos dezoito anos, quando entra para a faculdade de Direito. Já então revelando sua herança empresarial e seu gosto pela empresa, trabalhando de dia e estudando à noite. Tanto que, ao formar-se, aos vinte e três anos, e tirar a carteira da Ordem dos Advogados, nunca advogou e, por isso, declara-se não um advogado, mas um bacharel, como se costuma dizer tradicionalmente. Não sabe fazer nem uma petição inicial, pois mergulha com gosto na vida empresarial. Ao completar vinte e nove anos, seu pai sofre um grave enfarto, que o obriga ao repouso. O filho mais velho, Joca, assume seu posto. Ao voltar, no entanto, o pai resolve por bem encerrar os negócios um ano depois, vendendo a empresa com nove lojas grandes e abrindo uma pequena loja, que não comportava Joca e mais dois irmãos homens. O pequeno capital então, que o pai dá a ele e aos irmãos, desperta sua veia empreendedora, e ele funda, sozinho, uma pequena incorporadora, entrando no negócio imobiliário com um sucesso que dura então dezoito anos! Sempre com o nome Pedrosa da Fonseca, (JCF a sua marca) como as lojas, herança do amor de seu pai por seu avô, o que o levou a criar esta dinastia com quatro filhos homens e quatro mulheres, e hoje vinte e quatro netos e três bisnetos, todos orgulhosamente Pedrosa da Fonseca! Daí vem seu primeiro valor importante: a família.

De repente, muito ligado a Fernando Santos, a televisão surge em sua vida. Fernando Santos, já na direção do Grupo João Santos, inclusive no jornal no Recife lhe diz sempre: "Quando eu montar uma televisão, você vem trabalhar comigo! Você nasceu para isso". Ao que ele sempre responde que não, pois tem sua pequena incorporadora, rentável , um prédio por ano, vinte e quatro apartamentos, como entrar para a TV que nem conhece direito? Mas acontece. Um dia chega à TV Tribuna e Fernando o convida. Ele diz que não dá, não quer abandonar o seu negócio, mas Fernando retruca, dizendo que serão só duas horas por dia, das três às cinco, e que pode continuar tocando seu negócio. Segundo suas próprias palavras, ele cai "no canto da sereia"! E logo vê que não dá. Toma gosto pela coisa, enquanto Fernando reafirma que ele estava certo ao dizer que ele tinha jeito para a coisa. Por volta de 1990, está totalmente dedicado ao negócio da comunicação! Vende sua empresa, aplica em galpões e torna-se um verdadeiro homem de comunicação, sentindo-se hoje, vinte e dois anos depois, "um peixe dentro d'água". Há dezessete anos, Fernando lhe pede para "dar uma olhada" em Vitória, se dava para tocar, expandir, ou enxugar. Joca vem. Passa quatro meses aqui, faz um relatório completo recomendado sua continuidade e expansão. Até então, o negócio capixaba não decolava. Pensando na política, o mais velho da família, João Santos Filho, hoje falecido, comprara, mas jamais dera lucro. E Fernando recomenda cuidado, pelo tamanho e importância do negócio, mas Joca, empreendedor, homem de empresa tarimbado, enfrenta o desafio e vem assumir a Rede Tribuna do Espírito Santo com algumas de suas marcas registradas: coragem, entusiasmo e amor pelo que faz.

Ao assumir a Rede Tribuna capixaba, João Carlos Pedrosa coloca em prática imediata seu grande ingrediente da receita pessoal: trabalho de equipe. Sua crença neste particular é saber ouvir. Saber ouvir bem, tudo e a todos. E assim começa a montar sua equipe em1995, tornando-se um verdadeiro empresário capixaba da comunicação, há dezessete anos dirigindo a rede que tem hoje o maior jornal do estado, uma das estações de TV líderes de audiência, rádios e internet.

Dos seis diretores que tinha, ficaram dois, sendo que os outros seguiram seus próprios caminhos, sendo que Eustáquio Palhares para fazer seu programa próprio na TV Tribuna, e Maurício Prates para tornar-se um dos maiores colunistas do estado, no jornal "A Tribuna". E hoje possui uma equipe por ele formada, treinada, com delegação de objetivos e poderes, com participação e recompensa por resultados. Uma grande lição que aprendeu na vida, enfatiza, é que ninguém, a não ser que seja um gênio tipo Einstein, pode fazer nada sozinho. Assim, coloca-se como o tipo de empresário que aceita o voto, mas cobra resultados. Exigindo assim um compromisso em suas equipes de Vitória e Recife. Equipes formadas ao longo de anos, com muito trabalho, tentativa e erro, carinho e dedicação.

A ideia, então, é unir todos dentro de um objetivo comum, olharem todos para o mesmo norte, num ambiente prazeroso e de respeito mútuo, onde se reúnem todos para discutir, julgar e, com calma, decidir o objetivo comum. Mas também reunir-se num almoço informal, periodicamente, pra falar da família, contar piadas, ou apenas "jogar conversa fora", para que se conserve aquele prazer de fazer o que se gosta.

Assim, depois de uma longa trajetória, que começa na Faculdade de Direito, de onde sai advogado, de trabalhar no empreendimento da família, de formar seu próprio negócio, chega hoje à uma posição ímpar como um profissional de comunicação de nível nacional. Tudo isso, ele frisa, por "trabalhar no que gosta". E prossegue: "Todos nós, executivos, fazemos a mesma coisa todo dia. E se não estivermos tendo prazer no que fazemos, começaremos a não fazer!" Em outras palavras, para fazer bem feito, tem que gostar do que faz. Nessa linha, outra grande recomendação do Joca é jamais menosprezar o adversário. Pois menosprezando o adversário você chegará à prepotência, e prepotência é falta de inteligência, é a antessala da derrota.

Estas equipes então, que se reúnem e trabalham sob estes princípios de ação e encontro, trabalham com um foco bem claro: atenção. O Buda dizia que a atenção é a mais importante das virtudes, emendava, talvez a única. Saber ouvir em silêncio. Todo mundo sabe que Joca não tem fama de "bonzinho". Ele delega, ouve, aceita votos contrários, mas cobra com energia e autoridade. Gosta de dizer que sua equipe funciona como uma família, com alegria e respeito, com divergência e convergência no interesse comum. Uma das coisas que isso exige é a atenção, sem que jamais deixe de abrir mão de sua autoridade. "O líder", diz ele, "é aquele que aponta o norte, mas que aponta com firmeza. Se alguém quer ir para o leste, contra os interesses do grupo e da empresa, o líder corrige e reconduz ao objetivo central, por todos acordado". Este processo é o verdadeiro processo de corresponsabilidade, que gera a autoridade do líder e o compromisso da equipe. Por isso, ele manda não em nome próprio, ou egoisticamente, mas em nome do norte que conduzirá ao resultado que se reflete na recompensa de todos!

Algumas regras aparecem então na receita:

· Todos ouvirem a todos com atenção.

· Jamais decidir num mesmo dia, deixar para o dia seguinte, amadurecer.

· Usar a razão acima da emoção.

· Respeitar o norte comum, para que a recompensa comum seja preservada.

· Rever sempre as decisões com cautela, face às mudanças inevitáveis de mercado e situação.

· Que todos falem, e falem muito, pois todos têm alguma coisa para falar.

· Quebrar a corrente da reunião, não deixá-la tornar-se monótona e árida.

À medida em que o bolo vai ficando pronto, chega a hora da cereja. E ele arremata dizendo que esta cereja, nem precisa dizer, é o trabalho. Perseverança e persistência. Buscando com isso a qualidade, qualidade no trabalho e de vida, pois uma não existe sem a outra.

"Esta profissão, da comunicação, sem menosprezo a nenhuma outra, talvez seja a mais desgastante de todas, pois você está no ar vinte e quatro horas por dia", retoma Joca, "porque a qualquer hora do dia e da noite tem alguém vendo televisão, lendo jornal, ouvindo rádio, entrando na internet, as coisas não param de acontecer. É uma luta diária, sem pausa, sem perder a vontade de melhorar. Por isso, eu amo a minha profissão e me encho de orgulho da qualidade que soubemos criar em nosso grupo", diz este profissional, que de estudante de Direito, herdeiro de família, passando por empresário sozinho, chegou a executivo e participante de um dos mais bem sucedidos grupos de comunicação do Brasil.

Carregando o orgulho de liderar duas equipes em dois diferentes estados do país, numa extensa diversificação de veículos, vencendo galhardamente batalhas de mercado, ganhando posições de liderança e rentabilidade antes nunca sonhadas. Como todos os outros empresários, ele começou dizendo que não existe receita de sucesso. Você concorda com isso?

Américo Buaiz Filho e o Grupo Buaiz

As Cinco Grandes Metas

O Grupo Buaiz é composto pela Buaiz Alimentos (a origem de tudo), pelo Shopping Vitória e pela Rede Vitória de Comunicação, e completa neste ano 70 anos de existência. Este complexo de atuação diversificada é comandado por Américo Buaiz Filho, Economista e Administrador por formação (graduou-se e especializou-se na PUC do Rio de Janeiro) e empresário por vocação.

Depois de trabalhar como Estagiário do IPEA e Economista da Casa da Moeda do Brasil, e antes de seguir para o exterior para fazer uma pós-graduação, Américo Buaiz Filho, aos 23 anos, viu seu destino se desenhar no atual Grupo Buaiz.

Foi como observador, um olheiro que pudesse analisar a empresa - na verdade as empresas: um conglomerado de quase dez atividades diferentes, todas incongruentes e sem relação entre si - que iniciou sua trajetória de empresário e líder. Além do Moinho Vitória, que produzia trigo, havia fábrica de prego, grampos, sabão, sabonetes, sacos de papel e até uma refinaria de açúcar. Uma miscelânea!

"O convite (feito pelo pai Américo Buaiz) foi bem-vindo", relembra. "Eu poderia averiguar tudo com liberdade e isenção." E assim passou 60 dias percorrendo os departamentos das várias indústrias mantidas pelo pai, incluindo as áreas de finanças e recursos humanos. Passados os dois meses, Américo, o pai, quis saber do filho o que ele achava sobre o que viu na empresa. "Sem delongas, fui logo dizendo", rememora, "que estava assustado. Achei a empresa meio bagunçada, sem profissionalismo e sem visão de mercado. Falei de todos os defeitos que eu tinha visto e propus soluções para cada um." O pai ficou surpreso com a visão moderna e disciplinada daquele jovem de 23 anos. Afinal, o jovem Buaiz estava aplicando tudo que havia aprendido nos estudos acadêmicos numa das principais e mais destacadas universidade do país. Apesar da juventude, o pai acreditou nas potencialidades do filho. A troca de experiências entre o pai realizador e o filho calculista e inovador foi determinante para o sucesso do Grupo Buaiz. A empresa começava a se modernizar com o plano "As Cinco Grandes Metas" que o jovem idealiza e põe em prática.

Faz uma verdadeira faxina nos negócios do pai deixando de pé apenas a atividade que dava lucro: a produção de trigo do Moinho Vitória. Posteriormente, o Grupo ampliaria a produção do moinho para café e misturas para bolo, e também diversifica os negócios investindo na construção e gestão do shopping e se inserindo no mercado de informação e entretenimento com a televisão e as rádios.

O plano "As Cinco Grandes Metas" - que propunha, em primeiro lugar, criar um foco; em segundo, desmobilizar as fábricas que não faziam sentido; depois, investir na profissionalização; na quarta etapa renovar a cultura dos acionista e gestores, e, por fim, reestruturar a relação societária financeira com o mercado - foi seguido à risca. O resultado é o que temos e vemos.

RECEITA DE SUCESSO

Mequinho, como ele mesmo gosta de falar de seu próprio reconhecimento em vários nomes na sociedade capixaba, começa e acaba sua "receita" falando de família. Psicanalisado, reconhece como começo de tudo, a sua "historicidade" - no sentido lacaniano do termo - o que apreendeu no universo familiar, certamente na convivência com o pai, Américo Buaiz, um dos mais importantes e admirados líderes empresariais capixabas de todos os tempos. Líder na acepção do termo: condutor, precursor seguido por muitos, na indústria, no comércio, nos serviços, na vida... Criador e empreendedor, ele mesmo, com o pai, do Grupo Buaiz, Américo Filho logo emenda que, no entanto, só isso não basta. Embora seja essencial.

Em primeiro lugar, a condicionante do sucesso, para ele, é a determinação de objetivos! A clara descoberta do desejo, sua transformação numa clara consciência da identidade que - por sua vez - tornam-se objetivos. Carlos Martins, criador e Presidente do Grupo Multi, talvez o maior grupo educacional do Brasil, com um milhão de alunos e nove marcas de franquias educacionais, diz que a definição clara de quanto você quer ganhar é umas das sete leis de ouro do sucesso. Isso em seu último livro "Desperte o milionário que há em você", um dos mais vendidos de autoajuda do momento. E continua Américo: "Todo mundo deve fazer suas escolhas, definir claramente suas ambições, e tê-las com orgulho".

Outro importante elemento do sucesso é, portanto, a ambição. Não a ambição desmedida, sem freios, mas a ambição legítima, limitada pelos limites da ética (pleonasmo legítimo!). Américo lembra que a língua inglesa oferece uma solução melhor, pois possui a palavra "*ambition*", que é a simples ambição honesta e controlada, e "*greed*", que é a ambição negativa e sem limites. Desta ambição ("*ambition*") é que ele fala, como realização do desejo, fruto das escolhas, e determinante dos objetivos. Para o crescimento individual, material, ou mesmo espiritual, o indivíduo precisa dela como móvel de sua motivação ao sucesso... Assim coloca o filósofo alemão Friedrich Nietzche, na sua teoria do "super homem", que é aquele que se supera. Não que esteja acima dos outros, mas que luta para superar suas próprias limitações, reconhecendo-as e usando sua ambição para construir-se uma pessoa melhor.

"Eu faço da minha vida o que eu desejo e consegui alcançar aquilo que eu desenhei como ambição, preservando valores e podendo dizer que aquilo que eu aprendi em casa e aquilo que eu escolhi é o que está sendo praticado." Colocando a existência de valores claros e definidos como essencial para qualquer tipo de sucesso, seja na empresa, seja na vida, pois Américo Buaiz, ou Américo Filho, ou Mequinho , não separa o homem do empresário, defendendo esta unidade, nunca fragmentária, do ser humano. E o primeiro destes valores é a empatia, ou seja, a observação e o respeito ao outro. Quando se ensina ou se treina em negociação, em liderança, em gestão de pessoas, diz-se sempre que o primeiro movimento é o conhecimento do desejo do outro, preservando, claro, desejos e objetivos próprios, atingindo este equilíbrio fundamental. "Pense que, na vida, não se vive só!", reafirma.

Em seguida, a consciência de que acumular coisas só para si, tendo como objetivo unicamente o dinheiro não pode ser um projeto de vida. E ele evoca a figura do Tio Patinhas, criada pelo gênio de Walt Disney, a figura daquele empresário típico que só pensa em si, que toma banho sozinho numa piscina de dinheiro.

Prosseguindo, como corolário deste, o fato de que o velho aforismo de que os fins justificam os meios não pode nunca ser uma bandeira de vida. Então, ganhar dinheiro a qualquer custo nunca pode ser um valor. "Os meus valores dizem que os meios são absolutamente importantes e essenciais para que o fim alcançado se justifique e se coroem no sucesso legítimo e ético!". Assim, quando algumas pessoas perguntam a ele se é religioso, ele pensa que sua crença fundamental é que os valores cristãos são os valores que preserva e que é justamente a preservação dos princípios éticos, como amar ao próximo como a si mesmo, que implica em amar a si mesmo para poder entender e amar os outros, ponto basilar da caridade cristã. Ser ético, ser alguém que pode responder aos outros. "Eu, por exemplo, sou muito irreverente... Mas só pode ser irreverente aquele que preserva a sua integridade e que resiste ao debate e ao enfrentamento!" O que pode parecer arrogância, em certos momentos, não é, é sim, clareza. A clareza de quem vive de acordo com seu desejo, em harmonia com seu ser. Em sua "Seis Propostas para o Milênio", o pensador e escritor italiano Italo Calvino, coloca a clareza como uma das seis propostas, essencial para compreensão e ação neste nosso mundo. Pessoas de bem com a vida devem posicionar-se com clareza, e isso às vezes é tomado como arrogância quando, na realidade, é apenas o fruto da sinceridade da afirmação de valores, da sua capacidade de ser!

Para ele, uma das maiores riquezas da fortuna humana é ser livre. Ser livre para pensar, para formular um pensamento e expressá-lo. Para isso é preciso ser coerente, portanto, inatacável. E cita que já ouviu muitos irreverentes esbarrarem na resposta: "E quem é você, para me dizer isso?" Isto é ser livre para viver de acordo com o seu desejo, mais uma vez mostrando seu respeito pela psicanálise, que o faz estudar formalmente para ser um psicanalista, com o objetivo de entender o outro e melhor lidar consigo e com os outros. Trata-se do equilíbrio psicanalítico, que aparece em muitos analistas e escritores da psicanálise, a exemplo do psiquiatra R. D. Laing, em seu livro "Eu e os Outros", em que afirma estes princípios. O simples acumular dinheiro sem respeito a esta crença não vale nada para Américo Buaiz Filho.

Aparece então a clássica dicotomia entre o ter e o ser. Em outras palavras, é preciso ser e não apenas ter. Aquele que vive para a simples acumulação torna-se escravo do dinheiro e patrão dos outros, numa ilusão que não existe. "Na verdade, quem é escravo do dinheiro nem mesmo é", afirma. Apenas tem, sem ser, portanto, não se completa como ser humano. "O verbo ser não é conjugado para estas figuras. Para elas só se conjuga o verbo ter", reafirma. Numa sociedade como a nossa de hoje, consumista, tudo nos leva a acreditar que ser e ter são a mesma coisa. Ledo engano... Liberdade, autenticidade e clareza: uma verdadeira trilogia ética!

Américo Filho, hoje, quando fala, não fala apenas em seu nome, mas em nome de tudo aquilo que representa, empresarial e humanamente. Um homem público, que lidera um grupo de empresas que incluem uma empresa de comunicação, responsável pela entrada nos lares e nas famílias da essência da indústria do entretenimento e do jornalismo! Por isso, um dos aspectos fundamentais de seu perfil de sucesso é a responsabilidade. E ele aceita esta responsabilidade, fazendo questão de deixar bem claro pelo que se responsabiliza. Ele se responsabiliza em por em prática todo o sistema de valores que anteriormente descrevemos, partindo da ética e do respeito. Ele se responsabiliza por exercer essa prática com profundo respeito por todos aqueles com quem convive: clientes, consumidores, fornecedores, colaboradores, acionista, governo e público em geral, o que chamamos hoje, no jargão do planejamento estratégico, de "*shareholders*", ou "partes interessadas" - mesmo aqueles que dele discordam. Responsabiliza-se pela realização dos objetivos deste grupo, da ambição deste, mas com limites, prioridade e condicionamentos. Toda a sua responsabilidade e comprometimento decorrem disso. Não reconhece outra responsabilidade a não ser esta, satisfazendo o coletivo, a sociedade, condicionante essencial do grupo empresarial que dirige e de sua pessoa como empresário! "Estamos falando de '*ambition*' e não de '*greed*'", frisa ele mais uma vez.

CONSIDERAÇÕES FINAIS

"A vida não é só ser empresário", decreta Américo Buaiz Filho.

Em meio a tantas atribulações, o empreendedor e empresário encontra tempo para se desligar do trabalho, curtir a família e relaxar com seus passatempos preferidos: viajar, ler e assistir filmes. Não necessariamente nesta ordem. Cada filme, cada leitura ou viagem alimenta um sonho profundo e peculiar. "Meu maior sonho é ser um ser humano mais completo, poder usufruir da vida de uma maneira mais ampla e positiva. Eu tenho muita vontade de crescer enquanto gente."

Ser gente, "crescer como gente". Maturidade. Resultado: êxito! E continua crescendo como gente. Aprendendo e vencendo.

Foram suas as palavras de abertura do livro biográfico do seu pai, que tão bem ilustram o que pensa e sente este empreendedor e empresário:

"Não são os ricos que são reconhecidos, os ricos são os ricos. As pessoas que fazem história não fazem história porque têm dinheiro, fazem história porque de alguma maneira contribuíram para construir um mundo diferente do que o mundo um dia foi, fazem o que as pessoas gostariam que o mundo tivesse e que elas desejavam".

Walmir Barroso

Um filho de Francisco

Segundo o próprio Dr. Walmir, advogado e empresário, ser advogado significa, a partir da origem etimológica Ad vocare, estar ao lado. Em outras palavras, defender, apoiar, enfim, servir com respeito e qualidade. E esta tem sido sempre a vocação e a realização que marcam seu percurso. E, segundo ele mesmo, desde seu primeiro dia de vida! O que faz dele advogado, empresário, empreendedor social e líder empresarial reconhecido como tal.

Trabalhando desde seus onze anos de idade, constituindo escritório ainda no primeiro ano da faculdade, apoiado em advogado já formado, ele hoje chega a treze escritórios em todo o Brasil, com mais de duzentos e cinquenta advogados, segundo sua estimativa mais recente, e vários braços empresariais, que incluem um voo cargueiro de Chaperoux, na França, para Vitória, fruto de seu envolvimento desde 1995, com o comércio exterior no Espírito Santo. Advogando para a Mesbla, chegou ao nosso estado em função de sua vocação empreendedora, procurando prevenir erros em vez de remediar, e logo torna-se advogado de Otto Andrade, criando formatos novos e dinâmicos dentro de nosso sistema Fundap. Deve-se a ele - a partir de sua tese de mestrado - a descoberta da isenção de PIS/Cofins nas operações Fundapeanas chamadas de "Por conta e ordem", que deu grande impulso à Eximbiz e todas as empresas do setor em nosso estado.

O que rege sua vida e vocação, no entanto, é a marca de seu pai, Francisco Braga Barroso, bancário e construtor, uma vocação empreendedora prematuramente ceifada por acidente automobilístico quando tinha apenas quarenta e quatro anos de idade, e Walmir, apenas onze. Dizia "Seu Francisco", isto ouvido por Walmir, pouco antes de sua morte: "Se você for um varredor de ruas, não permita que ninguém varra a rua melhor do que você. "Muitos anos depois, ao receber sua carteira da Ordem dos Advogados, ele ouviria de sua mãe, que, sem que ele o soubesse, misteriosamente, o sonho de seu pai é que ele fosse advogado, o primeiro da família. Por isso, até hoje, ele sente, em todos os momentos difíceis, em todos os seus sucessos, a presença espiritual de seu pai, marca indelével de seu caráter.

Outra marca importante em sua vida é o trabalho incansável, que causava a ausência que cobrava de seu pai. Hoje faz o mesmo com seus filhos, mas mesmo trabalhando incansavelmente, procura estar presente e acompanhá-los em seus crescimentos. Difícil conciliação! Pois ao invés de ter uma profissão que o mantenha em casa e próximo, esta faz, ao contrário, com que percorra todo o Brasil em função de suas exigências e necessidade de novos empreendimentos. Portanto, se por um lado Walmir acredita que a família é a base de tudo, por outro, sabe que o trabalho é o que dá a base desta família. De novo aí comparece a marca de seu pai. Por isso, na lápide de seu túmulo lê-se: "Percorreu longo caminho em pouco tempo". Dos sete filhos, Walmir é o do meio e, embora não acompanhasse o pai no trabalho, ficava em casa ajudando a mãe e a ouvia sempre, bebendo seus ensinamentos. Que guarda até hoje!

O que faz um advogado tornar-se um empresário, um líder, um empreendedor social, que tira crianças em situação de risco, apesar de não ter tempo, de voar pelo Brasil inteiro, de gerenciar tantas pessoas, sempre com alegria e uma palavra amiga para todos? O que inspira um cidadão no caminho da ética e da luta por seus semelhantes? Sem dúvida uma inspiração especial, uma luz sobrenatural e uma vontade interior...

Um menino que começa a trabalhar aos 11 anos de idade, que aos 14 é *office boy* num escritório de contabilidade na zona norte do Rio de Janeiro, que faz estágio como técnico de manutenção noturna em loja do McDonald's em Copacabana, que cursa Direito quase por acaso, pois desejava inicialmente medicina, que foi nadador na Universidade Gama Filho para estudar, que no primeiro ano da faculdade já advoga junto e que chega hoje a um grande escritório nacional, que desenvolve múltiplas atividades empresariais, inclusive no empreendedorismo social: de onde vem esta força?

Foi este o legado de seu pai. A força de sua mãe, viúva com pouco mais de quarenta anos e sete filhos que formou todos, advogados, médicos, e que até hoje os inspira e ampara. Uma crença inabalável no ser humano. Que passará aos seus três filhos, aos funcionários que treina e lidera, e aos seus amigos e clientes.

Tudo isso poderia ser uma receita de sucesso por si só. O Dr. Walmir Barroso, porém, nunca se contenta com pouco. As próximas linhas nos dirão como e de onde este cidadão capixaba de coração tira essa energia toda.

RECEITA DE SUCESSO DE WALMIR BARROSO

Por que será que todo empresário, ao ser perguntado sobre sua receita de sucesso, começa invariavelmente dizendo: "Bom, não existe receita de sucesso"?

Sabemos por quê. Porque esta receita está embutida em sua mente, ou - se quisermos, numa abordagem psicanalítica - consolidada em seu inconsciente. Corresponde ao seu mais íntimo desejo, herança de sua historicidade, seu profundo desejo, sua paixão íntima...

O Dr. Walmir não foge à regra. Depois de negar a receita ele começa dizendo que, na realidade, o que existe é "um conjunto intangível de ações", maneira elegante de um bom fazedor de textos expressar o que vai em seu inconsciente, em seus sonhos, em seus projetos mais caros, e que começa com a descoberta do momento certo, da escolha certa da oportunidade, com a dose certa de informação e percepção do momento histórico, econômico e combinando tudo isso com suas aptidões pessoais. Para isso cita o momento em que, a partir de sua tese de mestrado, descobriu a questão do PIS/COFINS no Fundap, levou-a a Otto Andrade e, juntando a visão de um com a audácia do outro, contra até a opinião dos órgãos oficiais à época, levaram adiante a ideia que levou as Fundapeanas a resultados superiores, posteriormente oficializada na IN 75, comprovando sua tese da informação e da percepção da oportunidade. E ainda frisando que as vantagens não eram só para um, mas para todos, para o estado, para a competitividade do próprio sistema. Quando, pois, levou sua ideia para Everaldo Maciel, este a adotou oficialmente. Com isso, Otto Andrade trouxe Walmir para o Espírito Santo, obrigando-o quase a montar um escritório, estourando a champanhe em sua inauguração. Escritório hoje que é cem por cento capixaba, com um gerenciamento democrático e participativo, com distribuição de lucros e votação das grandes decisões.

Consequentemente, o segundo ingrediente da receita aparece: uma equipe certa e motivada, adotando a filosofia do trabalho preventivo, orientando o cliente, e já a partir de hoje com a Resolução

13 do Senado Federal. Quando todo mundo grita perguntando por que o Fundap acabou, ao invés de esperar e chorar sobre o leite derramado, estuda e antecipa soluções e saídas para uma nova situação para o cliente, trabalhando, assim, preventivamente. Equipe feliz, treinada e cem por cento desenvolvida internamente, partícipe dos resultados e comprometida com a satisfação do cliente, entre muitos elementos importantes, este é um fundamental, pois não há sucesso sem uma equipe integrada e preparada, pronta para tomar decisão pontualmente e no momento certo.

Este, então, é o outro importante ingrediente: o momento certo. O empresário que conseguir identificar este momento terá o sucesso. Aquele que consegue ser conhecido como um profissional de ação será ouvido e seguido como um verdadeiro líder. Mesmo que a decisão não seja a melhor, será melhor do que a inação, pois a força conspira para o resultado, a fraqueza leva ao fracasso. Lembrando o antigo e sábio conselho de Sun Tzu, em "A Arte da Guerra": "a invencibilidade está na defesa, a possibilidade de vitória reside no ataque!". Nada na vida acontece sem energia. Quando ela vem, ou você a dispersa ou você a concentra. O segredo do sucesso é saber canalizar esta energia para o sucesso. E isto vale não apenas para a vida empresarial, mas para a vida pessoal, entre marido e mulher, entre irmãos, usando esta energia positiva para somar forças, num vetor positivo, sempre para a vitória. "Nada na vida existe sem esta energia", ressalta Walmir, enfatizando que o verdadeiro líder, o que procura o sucesso, é aquele que sabe canalizar esta energia para os objetivos.

Neste sentido, reafirma que não existe receita, mas um conjunto de princípios forte que determina a direção desta liderança e desta energia. Estes princípios são o "segredo" sem o qual as coisas não acontecem. E o primeiro deles é amar aquilo que você faz. Não basta gostar, é preciso amar. No caso, como ponto de partida, amar a advocacia, amar o que você faz, amar o cliente, amar o lugar e a terra em que você trabalha. Esta postura lembra o atualíssimo pedagogo e especialista em criatividade Ken Robinson, que em seu último trabalho, o *best seller* "O Elemento - Descobrindo sua Paixão", frisa que este "estar em seu elemento" é dado por um simples fato: quando no seu dia de trabalho, uma hora passa em cinco minutos, quando você chega em casa mais descansado do que quando saiu é porque você ama o que faz. Aquele que algum dia tem dúvida se ama aquilo que faz já está caminhando para o fracasso. Mais um ponto aparece então com força: o objetivo do trabalho é este prazer, esta dedicação, esta paixão, nunca o dinheiro. O dinheiro é uma consequência disso tudo. E reafirma que, ele, um homem que trabalha desde os catorze anos de idade, nunca pensou no dinheiro, mas na satisfação, no fazer bem feito!

Tudo isso não vale apenas para a atividade empresarial ou a advocacia, mas para tudo na vida: amigos, família, passatempos, enfim tudo aquilo em que se constitui a vida de um ser humano. Com tudo isso pode-se chegar ao objetivo com prazer. O que torna possível o princípio seguinte da receita de sucesso: a perseverança. Não basta agir, não bastam simples ações isoladas, é preciso perseverar nela. Assim, cita o exemplo do voo de Chaperoux. A negativa dos primeiros parceiros, os portugueses da Euroatlantic, não o derrubou. Ao contrário, mostrou-lhe que aqueles parceiros não mereciam ter um voo fretado para o Espírito Santo, porque não souberam ver a oportunidade, pensaram apenas no dinheiro imediato. Para ele, ao contrário, a decepção inicial fez com que perseverasse até conseguir os novos parceiros que viabilizaram a operação, ou seja, perseverança como mais um ingrediente da receita de sucesso!

Surge então mais um fator de sucesso, que Walmir coloca como o grande aprendizado que lhe proporcionou a Maçonaria, a saber: que você não pode mudar o mundo pelas ações, que você só pode mudar o mundo pelos exemplos. Dizem que o gênio Albert Einstein afirmava que o exemplo não é a melhor forma de ensinar: é a única. O exemplo é a forma ao mesmo tempo mais nobre e mais eficiente pela qual um líder apascenta, conduz, à maneira dos pastores, os seus liderados. Não bastou a Mahatma Gandhi ou Martin Luther King apenas pregar aos seus seguidores a não violência, mas foi preciso que eles dessem o exemplo de vida, que mostrassem suas próprias ações sem violência para que seus liderados apreendessem o caminho que os levou à vitória. No caso de King, inclusive, pagando com o preço de sua própria vida. Você só será uma pessoa de sucesso, e só conduzirá suas equipes ao sucesso, se for visto como um sucesso. Se for visto como um fracasso, só conduzirá ao fracasso.

Outro ponto fundamental que este guerreiro coloca é a necessidade do perdão. Mais uma vez acrescenta: "Nós que trabalhamos muito, que lutamos muito, achamos que temos sempre que nos relacionar com pessoas iguais a nós. Uma grande coisa, no entanto, é que aprendi que podemos viver , conviver, amar e trabalhar com pessoas diferentes de nós!" Pessoas que podem fazer coisas diferentemente de nós, pessoas que trilham caminhos diversos, mas que podem conduzir a um mesmo lugar, a um mesmo resultado, pessoas que, inclusive podem errar! Assim, você apreende inclusive a perdoar! O mundo, até bem pouco tempo, buscava simplesmente a igualdade. Hoje, busca também a tolerância, a convivência e a cooperação na diversidade. Pessoas, inclusive, que não possuem apenas qualidades, mas também defeitos, e o princípio do perdão nos ensina a amá-las como são, nos tornando assim capazes de constituir equipes ricamente diversificadas. Voltando um pouco atrás, aparece de novo o exemplo. Não é por meio de palavras, mas por meio de ações que podemos liderar pessoas, ações que são exemplos. E que as pessoas possam errar, pois o erro é necessário. Só não erra quem não age, e, como já dissemos anteriormente também, a ação é fundamental, essencial mesmo. Assim formam-se equipes.

Mais um ponto essencial do sucesso: o uso e o respeito do tempo. Walmir, além de tocar seu escritório de advocacia pelo Brasil, empreendimentos diversos, toca uma obra social, onde protege, orienta e afasta do perigo três mil crianças carentes. E ainda cuida de sua família! Isso só é possível pela administração, uso correto e respeito ao seu tempo. Isto, juntamente com a estratégia, vai completando a receita de sucesso. "Nada existe sem a estratégia". Quem não age preventivamente, quem se limita a agir apenas corretivamente, quem não antecipa problemas pelo planejamento e análise correta de situações, dificilmente chega ao sucesso. O aproveitamento máximo do tempo, para que possa haver uma dedicação integral ao cliente, pressupõe o desenvolvimento de uma ampla e firme atitude estratégica. Não apenas o antigo conceito de um planejamento estratégico, mas o pensamento e ação estratégica constante, preventivo e antecipatório. Sem esquecer, por outro lado, que ninguém nasce estrategista, conquista-se esta qualificação por meio de uma combinação de experiência e conhecimento, e do seu exercício disciplinado.

Importantíssimo também não deixar de lado o exercício constante do respeito na gestão das pessoas. Trabalhar com vitoriosos, constituir equipe de lutadores e vencedores, procurando sempre o melhor, lembrando sempre que o mestre é um meio, e quem faz é a equipe. Sem jamais esquecer a celebração, a comemoração. "Sempre que ganhei o Prêmio Líderes, o Vladimir Godoy sabe que chamo todos os eleitos para um café da manhã e celebro com eles o sucesso." Em todas as abordagens modernas de estratégia e sucesso, a celebração aparece como item essencial. A vida não tem sentido se você não comemorar, na família, no escritório, na empresa. As vitórias são alegrias de todos. Assim todos serão vitoriosos! Assim você terá sempre ao seu lado os melhores!

Para terminar, Walmir celebra com entusiasmo a cooperação e o respeito. Diz ele: "Eu acredito profundamente que nada se faz, nada se conquista, nenhum fruto é colhido sem o respeito às pessoas que compõem uma equipe". A cooperação, a manutenção constante do orgulho, do amor próprio e a alegria, nada, nada se consegue sem o respeito aos desejos, ao entusiasmo, ao conhecimento e à cooperação das pessoas! Respeito a tudo e a todos, a todos os seres humanos. "Eu não seria advogado hoje se eu não tivesse sido respeitado na minha juventude. Se eu não tivesse este respeito por aquele homem eu não seria nada hoje." Uma lição de empreendedorismo, uma lição de vida.

CONSIDERAÇÕES FINAIS

O Tao The Ching, livro sagrado da sabedoria milenar chinesa diz que "(...) o respeito é a arma que o céu nos dá contra a morte". Esta talvez seja a maior lição de vida da receita de sucesso de Walmir Barroso. Curiosamente, em chinês, as expressões relativas a amor, afeto, respeito e compaixão pertencem todas a uma mesma raiz. Certamente porque todos estes sentimentos referem-se a uma direção única: o outro. E a vocação que a vida de Walmir mostra, desde o seu início, é a de servir ao outro. A nobre vocação do serviço. A vocação do advogado de "estar ao lado", segundo suas próprias palavras.

Segundo os analistas, a historicidade, ou seja, as experiências de vida formam o caráter de um homem, a partir de seus familiares e antepassados. Aqui não fugimos à regra. Francisco lega aos sete filhos seu espírito empreendedor, o culto ao trabalho e o respeito ao semelhante. Bancário, ainda dedica-se a construir casas, ajudado pelos filhos mais velhos. O filho do meio, Walmir, fica com os trabalhos da casa, na ajuda à mãe. E vive as experiências que o marcariam para sempre. Ao buscar o pão todos os dias, para a família toda, chegando na padaria, ele vê e cobiça os deliciosos pães de leite que não poderia pagar... E de que até hoje se lembra e passa isso aos seus filhos, como um exemplo de vida. Morto seu pai, prematuramente, aos quarenta e quatro anos, ajuda, com os irmãos, a mãe viúva e sem recursos a formar todos médicos, advogados, todos com a vocação do trabalho e da luta.

Aí está a origem de dois princípios que norteiam a vida e a receita deste empreendedor: espiritualidade e amor. Espiritualidade não apenas vista como crença religiosa, mas como a crença fundamental de que o ser humano pode fazer algo superior ao seu invólucro material. E que o amor constrói o caminho prazeroso para o sucesso. O amor à advocacia como impulso primordial. O amor às pessoas com motivação para um serviço de qualidade e sua gestão humana e eficiente. Componentes do sucesso, da liderança e do exercício da cidadania.

"Minha equipe tem quer ser sempre a melhor!", declara Walmir Barroso com orgulho. Por isso, outra crença fundamental é a da participação e recompensa. Participação no planejamento, nas decisões, nos resultados. Recompensa financeira, moral e social. Ao encerrar este depoimento, esta história ou esta "receita", não podemos deixar de olhar para Walmir e ver ali um traço fundamental de humildade. De reconhecimento de que sempre pode-se ser melhor, de que ninguém tem o monopólio do conhecimento ou da razão. "Seu" Francisco, onde quer que esteja, e pode ser que esteja mais próximo do que pensamos, deve nesse momento ter aberto um sorriso por este filho que ele não pôde ver crescer e tornar-se um líder de sucesso.

Otto Netto Andrade e a Eximbiz

Visão e determinação não faltam a este empreendedor

Esse capixaba nascido no antigo Mulembá, hoje Santa Marta, apaixonado por aviação é piloto de helicóptero e ultraleve. É um empreendedor nato que não se cansa de promover o desenvolvimento de nosso estado.

Uma das marcas desse jovem empreendedor é o pioneirismo. Foi o responsável pela internacionalização do aeroporto de Vitória, viabilizando o primeiro voo internacional de cargas a operar no Estado, transportando mercadorias de Miami (EUA). Uma inovação em parceria com a Bringer e a LAN Chile. Após 12 anos, são dois voos semanais, com demanda crescente.

À frente da Eximbiz, importou o primeiro jet-sky para o Brasil. Trouxe as primeiras centrais públicas de telefonia celular e ainda os primeiros equipamentos de TV a cabo.

Otto carrega em seu DNA um "bicho-carpinteiro" que o torna incansável na busca de novos desafios voltados ao desenvolvimento do Espírito Santo.

Tudo isso! E podem esperar mais do Grupo Otto Andrade capitaneado pelo empreendedor Otto Netto Andrade, o homem do "toque de Midas", a quem um jornal da capital (A Tribuna) chamou de "criador de negócios milionários".

A TRAJETÓRIA DE UM VENCEDOR

Nascido em Vitória, no Espírito Santo, aos 18 de setembro de 1956, filho de José Macedo de Andrade e de Maria Ozória Netto Andrade, pai de seis filhos e avô com cinco netos.

Aos 12 anos, iniciou sua vida profissional como *office-boy* na Renda Minas Distribuidora de Títulos e Valores Mobiliários, de Aylton Bassini e, aos 13, já como corretor, começou a vender títulos do Fundo Apolo de Investimentos na própria Renda Minas. Vendeu ainda ações da Usina Siderúrgica da Bahia (Usiba) - pelo DL 157 - e da Real Café - pelo DL 880 -, do empresário Jônice Tristão, por meio da Aratu Corretora. Com o resultado de seu trabalho comprou seu primeiro carro, um Fusca 70 azul na Tony Automóveis, de Toninho Roldi.

De corretor passou a vendedor de máquinas de datilografia Remington e Bourroughs na empresa Wilson Ramos; com 15 anos já era gerente do posto de gasolina Servicentro Beiramar, do saudoso

Walter Moreno e de Guilherme Loser de Queiróz; e aos 16 anos, propagandista do laboratório Sintofarma, da Representações Albernaz Ltda.

Por sugestão de Edgar dos Anjos, então diretor do jornal O Diário, o jornalista Rogério Medeiros publicou matéria com foto na primeira página elegendo-o "Corretor Mirim".

Apesar da pouca idade, aos 17 anos, criou o mercado de compra e venda de telefones. Como corretor autônomo, aos 18 anos obteve sua emancipação para fundar, em setembro de 1974, a Bolsa de Telefones do Espírito Santo. Otinho era o segundo maior acionista da Telest e participou de seu Conselho de Administração.

Nessa mesma época, em um terreno alugado da Marinha do Brasil, que ficava atrás da antiga Mesbla, no Centro, criou o primeiro estacionamento rotativo pago de Vitória, e no local também funcionava a Bolsa de Automóveis, que comprava e vendia automóveis usados.

No ano de 1977, adquiriu a Gráfica Reprográfica Ltda, vendendo-a mais tarde. De 1978 a 1981, foi sócio da Setorial Engenharia Ltda. No período de 1980 a 1983, também foi sócio da agência de publicidade Apoio, em sociedade com um amigo da época. Nos anos de 1982 a 1989, adquiriu a Mantelc-Manutenção de Telefones Ltda.

Em junho de 1983, fundou a Casa dos Telefones Ltda. Numa visão holística, já em 1989, pressentindo o incremento do Comércio Exterior advindo da globalização da economia, assumiu o controle da Eximbiz Comércio Internacional, operadora do sistema Fundap.

A partir de então, o empreendedor, já reconhecido no meio empresarial, construiu em Carapina, no município da Serra/ES, o primeiro Centro de Distribuição, para todo o território nacional, dos produtos importados para seus diversos clientes através do Fundap. Nessa mesma, época criou o Fundap Plus, que hoje funciona como Invest-ES.

Com a constante preocupação em melhor atender sua clientela, oferecendo uma logística completa de comércio exterior, em maio de 1998, associou-se a outras empresas na formação do Consórcio Peiú S/A (uma das primeiras privatizações de portos no Brasil), onde arrematou o berço 206 do cais de Paul, em Vila Velha (ES).

Prosseguindo sua trajetória de crescimento e voltado para atividades do comércio internacional e logístico, ainda em 1998 adquiriu o controle da Hiper Export Terminais Retroportuários S/A. É um dos principais acionistas da empresa Multilogística, que detém participação na Companhia de Transportes e Armazéns Gerais Silotec.

Desde então, Otto não parou mais e, hoje, é acionista ou controla diversas empresas que compõem o Grupo Otto Andrade, dentre elas: a Eximbiz Comércio Internacional (uma *trading company*, elo entre os fabricantes e os compradores - paradigma de qualidade no ramo da logística), o Consórcio Peiú (gestão do porto de Paul); a Silotec (porto seco para armazenagem de cargas); Aeroporto Internacional de Cargas e Terminal de Cargas - TECA, para nacionalização de mercadorias em Maringá-PR; TMM-Porto Seco de Nova Iguaçu, no Rio de Janeiro; Shopping Boulevard de Vila Velha (que será entregue em novembro próximo); Hiper Export Terminais Retroportuários (armazéns alfandegados com grande retroárea e precursora da logística portuária no Estado) que hoje é responsável por 33% de toda a movimentação de contêineres no Espírito Santo. O Shopping Boulevard Vila Velha se constitui hoje em sua "menina dos olhos".

Surpreso? Ainda é pouco, pois, em breve podem surgir novos negócios e parcerias com países como Cingapura, China e Portugal. O projeto do Porto Nisibra, que se encontra em franco desenvolvimento, é um complexo portuário multiuso, a ser executado em fases, que suprirá parte da demanda de serviços *offshore* no Estado (apoio à indústria de exploração de óleo e gás em alto-mar, navios e plataformas).

Vale o registro de que, quando criança, Otinho vendeu pão na madrugada e alugou bicicleta auxiliando seu genitor. Aos 11 anos, montou caixa de engraxate em frente a sua casa. Não o fez por necessidade, mas por vocação para o trabalho (família de classe média, o pai é coronel da Polícia Militar e sempre o incentivou ao trabalho).

EMPRESÁRIO PROATIVO

Ser proativo é conseguir antever o problema, ter iniciativa, buscar a solução e resolver a situação. É estar um passo à frente, é pensar adiante, ter um raciocínio rápido e já ter a resposta antes mesmo que façam a pergunta. Assim é Otinho.

Sempre atuante, participa do Fórum Nacional de Líderes e recebeu diversas homenagens, tendo merecido matéria de destaque da Revista Exame. Conquistou diversos prêmios de relevância nacional e exerceu diversas funções como: sócio-fundador da Câmara de Dirigentes Lojistas de Vitória (CDL Vitória), vice-presidente do Sindicato dos Corretores de Imóveis, conselheiro do Senac, do Creci, do Sesc, do Porto de Vitória (usuário) e da Federação de Comércio do Espírito Santo.

De seus tempos com uma caixa de engraxate, onde trabalhava sozinho, Otto conta hoje com mais de 2.500 colaboradores em suas empresas.

É..., refletir com Sócrates e Platão na brisa fresca da maravilhosa Guarapari fizeram muito bem a Otto Netto Andrade. E como![1]

RECEITA DE SUCESSO DE OTTO ANDRADE

Vamos transcrever a deliciosa (tal qual a nossa moqueca) conversa que tivemos com "Otinho" - como todos chamam este jovem de cinquenta e seis anos - quando esse empreendedor nos revelou os "segredos" para construir seus negócios.

A primeira palavra de sua receita de sucesso é predestinação. Sua crença inabalável num espírito superior, sua fé em Deus, num pla-

1 - **Alusão ao período no qual Otto, para superar o estresse após a quebra da Bolsa de Valores (1991), quando perdeu significativa quantia em dinheiro e sua principal fonte de renda, acampou por 90 dias em uma praia de Guarapari lendo livros filosóficos.**

no superior, segundo suas próprias palavras, é a fonte de toda sua energia. Desde a mais tenra idade acreditou no seu destino de empreendedor e o perseguiu com a obstinação que o caracteriza, marca registrada de Otto Andrade.

Gosta de relembrar de Pegadas na Areia, um belíssimo poema atribuído a Mary Stevenson, escrito em 1936.

O segundo ingrediente: humildade. É preciso saber reconhecer que necessitamos, sempre, aprender com os outros. Ninguém detém o conhecimento absoluto. É saber olhar o mundo com olhos de uma criança, disposta sempre a ver e aceitar coisas novas.

Otto dirige suas empresas com energia e se considera um chefe exigente, mas também é preocupado com o bem-estar de seus colaboradores tornando-se mesmo confidente de muitos. Por essa maneira simples e humana, Otto é querido por todos os colaboradores, tendo seu respeito e admiração.

Aprendeu que sempre existirá alguém capaz de ensinar-lhe alguma coisa nova, abrir-lhe uma nova porta. Cita duas pessoas que, para ele, são exemplos de humildade e, como tal, objetos de sua admiração: Otacílio Coser e Américo Buaiz, pai. Não por acaso, dois dos maiores empreendedores da história econômica de nosso estado.

Outro componente da receita é a competitividade. Todos sabem que ele é competitivo, mas Otto condena a concorrência predatória praticada por muitos. Para ele, a concorrência tem que ser sadia, construtiva e ética, ela tem que somar. Reverte assim a famosa história atribuída à saudosa Carmélia, em que ela comparava os capixabas a uma lata de caranguejos no fogo. Todos querem se salvar, um puxa o outro e ninguém sai, porém, se se apoiassem uns nos outros todos se salvariam, finaliza Otinho.

E eis que surge aquele componente universal de quase todas as receitas deste livro: trabalho! Não aquele trabalho comum do dia a dia, ele frisa, mas o trabalho diuturno, o trabalho duro, dia e noite, uma dedicação integral, com o tempero da humildade e da fé. São quarenta e seis anos de trabalho constante que tem merecido reconhecimento da sociedade, comprovado pelas diversas homenagens que tem recebido ao longo de sua carreira.

Otto afirma com orgulho e segurança: "quando fui *office-boy*, procurei ser o melhor *office-boy*, quando vendedor de fundos de investimento, procurei ser o melhor vendedor!", sempre com aquele seu aberto e simpático sorriso. Diz ainda: "você deve sempre buscar ser o melhor. Pode até não conseguir, mas tem que buscar ser o melhor e isso só se consegue com muito trabalho. E com criatividade também, a visão de futuro e, por último, a capacidade de correr risco!".

O risco é condição essencial da atividade empreendedora. Sem risco não há crescimento. A velha regra de mercado diz que o retorno do investimento é sempre inversamente proporcional ao risco. E que a coragem é um componente essencial desse risco. E a visão de futuro que agrega otimização ao risco. Começar cedo e deixar o tempo contribuir para o sucesso.

E continua: "outro segredo do sucesso é a informação. Estar sempre antenado e preparado". E Otto lembra o que lhe aconteceu em meio a uma de crise econômica que o Brasil atravessava. Estava em casa, eram cerca de oito horas da manhã, quando recebeu um telefonema, e do outro lado ouviu: "Otto, é Américo Buaiz, tudo bem? O que você está achando da crise? O dólar tem sustentação? Como você vê o mercado de ações? E a inflação? Etc".

Após uma breve pausa em função do susto, Otinho retruca: "Dr. Américo, o senhor sabe mesmo com quem está falando?" Ao que o Dr. Américo respondeu: "Sim, não é Otinho da Bolsa de Telefones? Sim, então o que você acha que vai acontecer pela frente? Gostaria de lhe convidar para tomar um café na minha casa para ouvir sua opinião". Prontamente Otinho respondeu: "Tudo bem, eu irei", ainda surpreso por ser consultado por um ícone do empresariado!

Em resumo, era realmente o grande empresário convidando-o para um café em sua casa simplesmente para ouvi-lo, saber das coisas do mercado para informar-se... Hoje sabemos que ele fazia isso com muitas pessoas, com a elegância que caracterizava, como diz

Otto: "o único lorde inglês do Espírito Santo". Era uma forma que ele tinha de manter abertos seus canais, suas fontes de informação e, ao mesmo tempo, seu relacionamento humano com a sociedade. Otto continua somando à informação a paixão, sem a qual não existe sucesso. Paixão que leve sempre o empreendedor a criar, seguir, crer, ousar, enfim, empreender com sucesso!

Todo mundo sabe que Otto é extremamente combativo e competitivo, como ele mesmo prega. Muitas vezes envolveu-se em disputas e lutas extensas e intensas, sempre com ética e respeito. Tudo porque um de seus princípios é não guardar rancor, saber perdoar. E revela que num determinado momento sofreu demais e passou pela tentação de guardar essa mágoa, tamanho foi o sofrimento. Mas, mesmo assim, ele conseguiu sufocar e enfatiza que o rancor é pobre e pequeno, por isso não pode e nem deve ser alimentado. O perdão, aliás, faz parte de muitas outras receitas deste livro.

Vitorioso, segue citando os últimos detalhes de sua receita, falando no seu conceito de sorte. Nesse momento lembramos o saudoso Bernardo Goldfarb, grande empresário brasileiro, fundador das Lojas Marisa, que costumava dizer: "Quanto mais eu trabalho, mais sorte eu tenho!" Por que esta sorte, não o simples acaso, não é algo que "cai do céu", sem mérito ou esforço. Otto diz que é como se fosse uma conspiração a seu favor, uma mistura daquela predestinação de que falamos no começo com a crença num ser superior, num plano divino e no trabalho como móvel do sucesso.

Outras "dicas" empreendedoras desse mestre na arte de empreender:

• Se a situação está difícil: readeque-a.

• Busque constantemente o aprimoramento profissional.

• Identifique a oportunidade antecipadamente.

• Nunca perca uma oportunidade. Otto é enfático e incisivo: "as melhores oportunidades aparecem apenas uma vez".

• Forme uma cadeia de serviços que se autocomplementem.

• Só migre para outro setor quando estão exauridas todas as possibilidades de desenvolvimento no ramo em que estiver operando.

• Mais: crie independência nos negócios ("quando a empresa estiver caminhando com as próprias pernas, aí sim se passa para outro negócio"). É necessário o amadurecer do negócio atual para partir para outro.

• Não alimente o hábito de reclamar.

• A vida é uma caminhada que deve ser feita atentamente, com calma, para não descuidar da atenção a nenhum setor, inclusive o familiar.

• Trabalhe com prazer.

• Dificuldades são molas propulsoras.

• Realize seu sonho, pois isto só depende de você. É fundamental ao empreendedor contar somente com ele próprio (ou, com ela própria).

• Você é a solução dos seus problemas. Não se acomode em ombros de arrimo para chorar mágoas.

• Dê sustentabilidade aos negócios.

Otto encerra suas dicas com chave de ouro: "a capacidade de fazer negócios, identificar mercados é muito gratificante", diz. Ele próprio, um exímio "farejador de negócios".

CONSIDERAÇÕES FINAIS

Ao conversar com Otto Andrade percebemos claramente a sua determinação e ousadia aliadas ao pioneirismo de suas ações, nos surpreendemos a cada momento com suas atitudes arrojadas que fazem dele um exemplo de empreendedorismo para as gerações futuras.

Otto costuma dizer que "hoje em dia, qualquer um se intitula empresário. Infelizmente este termo tão nobre caiu no desprestígio". Por isso, faz questão de qualificar-se como empreendedor, aquele que, segundo ele, cria riquezas, desenvolve ideias visionárias, arrisca e vence as maiores adversidades.

E é com esse espírito - que sempre norteou sua vida - que ele criou a caçula Nisibra, a primeira empresa de *Supply Base* no Espírito Santo. Uma empresa *offshore*, de alta tecnologia e qualidade, de excelência internacional, um novo patamar de qualidade nos serviços ao comércio exterior. O que, segundo ele, é o caminho de nossa capacidade instalada de serviços portuários, mantendo nossa competitividade e nosso progresso!

Este é seu grande projeto de vida no momento: desenvolver este complexo de atendimento e qualidade. Nisibra... Guardem este nome, pois ele vem de um homem que é um dos grandes Fundapeanos, e que se recusa a ficar chorando o fim do Fundap, ao contrário, trabalha com novas soluções para a economia do nosso estado. "Eu trabalho para o estado!", exclama Otto. Acredita e ama este estado, aqui tem seis filhos, cinco netos e deseja contribuir para o seu futuro. Uma vocação empreendedora, um homem bom, um apaixonado pela vida e pelo Espírito Santo.

José Luis Galvêas Loureiro e a Galwan

Água mole em pedra dura...

Certa feita, um grande pensador disse que as pessoas não têm qualidades, nem defeitos. Elas têm, sim, características. Estas podem ser consideradas defeito ou qualidade. Só depende de quem vê. Por exemplo, o que diferencia teimosia de persistência? Talvez a disposição de lutar por alguma coisa ou o interesse de se chegar a algum lugar ou, ainda, o tamanho da sua crença na sua capacidade de obter êxito em algo. Persistência. Esta é, sem dúvidas, a principal característica de José Luís Galvêas Loureiro. E, a julgar pela sua trajetória, é, também, sua maior característica. Ingrediente fundamental de sua receita de sucesso.

A toda criança, algum dia, já foi feita a seguinte pergunta: o que você quer ser quando crescer? Astronauta, médico, bombeiro, piloto de avião... Respostas comuns, já dadas por algum garoto. Mas não por José Luís. Desde pequeno, com 6 anos de idade, ele já sabia muito bem o que queria para seu futuro: ser engenheiro. Mas não qualquer engenheiro. "Queria ser um engenheiro rico e bem sucedido", diz rindo. Nesta decisão, a boa influência dos primos Gilberto e Cuca, com os quais morou durante o período de estudante, contou muito. A observação do padrão de vida que outros primos tinham também foi fator motivacional e combustível para sua persistência.

"A condição financeira da minha família não era ruim, mas eu percebia que a de alguns tios era melhor. Isso fazia crescer a minha ambição e vontade de ganhar dinheiro para conquistar tudo o que eu queria e concretizar minhas aspirações. Quando criança, nós criamos ídolos, pessoas em quem nos espelhamos para projetar nosso futuro. Assim foi comigo", conta. Entretanto, apesar de estar em uma família de pessoas bem sucedidas, isso não tornou em nada seu caminho mais fácil.

O primeiro emprego de Galvêas não foi na construção civil, mas em uma padaria. Ele trabalhava fazendo o atendimento dos clientes e deixava quase todo o seu salário por lá mesmo, consumido em doces e guloseimas do local. Após essa experiência, ele chegou a vender picolé, fazer caixa de engraxate e ainda montar uma barraca para vender lembrancinhas na tradicional Festa da Penha do Convento de Nossa Senhora da Penha, que ficava próximo de onde morava à época. Seu ingresso na engenharia ainda seria precedido por outra experiência profissional. Quando cursava o segundo período da faculdade de Engenharia Civil na Universidade Federal do Espírito Santo, José Luís começou a dar aulas de Física no Colégio Salesiano. Trabalhou como professor até seu último ano na universidade quando, indicado por um professor, conseguiu um estágio como auxiliar de engenheiro na Encol. Até hoje é comum encontrar ex-alunos que se tornaram seus admiradores para a vida inteira! Era o início dos anos 1980.

"Meu salário como professor era equivalente a R$ 6 mil. No estágio, passaria a receber apenas R$ 1,2 mil. Na época, diante da grande diferença salarial e já acostumado a ter minha independência financeira, precisei tomar uma importante decisão, da qual não me arrependo. Foi sábia. Apesar de gostar de dar aulas, eu tinha que ingressar na minha área de atuação. Às vezes é importante retroceder para depois avançar", pondera.

No estágio, ele pôde participar de todos os processos da empresa, desde o operacional, junto aos pedreiros das obras, até o estratégico, em reuniões com os superintendentes e engenheiros mais experientes. Esta situação lhe proporcionou a possibilidade de exercer o que ele coloca como outro importante ingrediente de sua receita: a observação. "Durante esse período, me espelhei no Dr. Ageu, superintendente da Encol com o qual trabalhava diretamente. Aprendi muito com sua habilidade de administrar a construtora, gerindo mais com o semblante que com palavras."

Apesar de toda a sua dedicação e bom desempenho, José Luís não foi contratado ao término do estágio. Chegou a ser indicado pelos seus chefes para uma vaga na Encol de Minas Gerais, então dirigida por um capixaba. Galvêas realizou visitas e algumas entrevistas na construtora, mas infelizmente não conseguiu a vaga. Passou três longos meses desempregado até que uma excelente oportunidade surgiu. Seu sogro lhe arrumou uma posição muito bem remunerada no Departamento de Estradas de Rodagem (DER) mineiro. Porém, para ocupá-la, ele precisaria ter o diploma já registrado e o dele ainda estava em processo de registro na universidade. Embora tenha se empenhado, a contratação não pôde ser realizada.

O bom empreendedor encontra as melhores oportunidades em meio às adversidades. Versa o dito popular: Se tens apenas um limão, faças uma limonada. "Caminhando no calçadão da Praia da Costa, vi uma obra em fase inicial e decidi me oferecer para trabalhar. A responsável era a Giboc, uma construtora carioca que, de fato, estava precisando de um engenheiro!", conta. Empregado, José Luís foi o responsável pela obra do edifício Recanto dos Caiçaras, destinado aos funcionários do Banco do Brasil. Eram 48 apartamentos cuja construção foi financiada pela Caixa de Previdência dos Funcionários do Banco do Brasil, vendidos a eles a preço de custo.

"Nascia a ideia dos condomínios fechados. Ao invés de comprar um apartamento diretamente da construtora, formava-se um grupo de condôminos que contratava uma empresa para realizar o projeto e a obra, que saíam pelo preço de custo, mais a taxa de administração. Guardei essa ideia para usá-la em um momento mais oportuno", explica. Treze meses depois, a obra do Recanto das Caiçaras estava pronta e Galvêas desempregado de novo. Era o ano de 1979 e ele decidiu não procurar outro emprego, mas iniciar um empreendimento seu. Associado a Romário Setúbal, ele criou a Chatô, empresa de construção de casas de madeira.

Com atuação inicialmente restrita e apenas 8 funcionários, a Chatô logo precisou se reestruturar para atender à demanda de construção do canteiro de obras da Companhia Siderúrgica de Tubarão (CST), atual ArcelorMittal. Ele conta que o número de funcionários aumentou para mais de 1.000, da noite para o dia, e que trabalharam intensamente durante todo o período para conseguir atender da melhor forma possível. Ao final das obras, o lucro assustou os sócios: R$ 5 milhões! "Não esperávamos um valor tão expressivo assim, uma vez que estávamos só começando." Entretanto, por inexperiência dos novos empresários e falha da contabilidade, a Chatô acumulou uma enorme dívida com o INSS, que somava exatamente a quantia total do lucro do trabalho realizado para a CST. "Ficamos sem nada e fechamos as portas!", relembra.

Saber aproveitar as oportunidades é outro tempero essencial da receita de sucesso de Galvêas, um elemento que ele próprio assume ter esquecido algumas vezes em sua vida, mas não mais. "Há anos, tive a oportunidade de investir em uma loja de celulares e não achei interessante. Veja só hoje como está o boom dos aparelhos de celular no mercado. Perdi uma boa oportunidade. Hoje não pensaria duas vezes", lamenta.

Com a Chatô fora de funcionamento e a sociedade com Romário Setúbal desfeita, José Luís voltou a trabalhar como autônomo. Ajudando um amigo a procurar um apartamento para comprar, surgiu, então, uma nova oportunidade: na dificuldade de encontrar algo que agradasse ao amigo, decidiram montar um grupo de dez pessoas, comprar um terreno e ratear os custos da obra. Galvêas ficou responsável por fazer o projeto, gratuitamente, e buscar o financiamento da Caixa Econômica Federal. Se o recurso fosse autorizado, ele passaria a receber um valor pela administração da obra. Foi o que aconteceu. Em três anos, ficou pronto o edifício Fazenda da Praia, o primeiro condomínio fechado de Vila Velha.

O trabalho foi bastante elogiado e, por esse motivo, José Luís Galvêas foi procurado por outro grupo de investidores interessado em construir um edifício residencial. Em 1986, ficou pronto o Saint Pierre. Durante as obras, ele conheceu Expedito Ximenes, um dos condôminos e líder do grupo que, posteriormente, tornou-se seu sócio e diretor administrativo-financeiro da Galwan, fundada em 1987. Hoje, Expedito é parte da "alma mater" da Galwan, em tudo acompanhando o sócio e amigo. Mas alguns desafios ainda estavam por vir. Vislumbrando a incipiente demanda por apart-hotel em Vila Velha, Galvêas reuniu um grupo para construir o Pasárgada, incialmente com 80 apartamentos. A procura pelo empreendimento foi grande e ele decidiu dobrar o número de unidades.

Foi o período do Governo Collor, que promoveu o confisco do dinheiro das poupanças, fazendo com que metade dos condôminos desistisse do empreendimento quando não era mais possível cancelar o projeto. O país enfrentava um grave período de recessão que parecia ser fatal à saúde da Galwan. "Foi um desastre. Tive que penhorar tudo o que eu tinha para poder realizar a obra, muitas pessoas desistiram. Mas continuamos a trabalhar em um condomínio fechado, porém com unidades a serem vendidas". Após sete anos, o empreendimento foi concluído com sucesso e garantiu à empresa enorme credibilidade no mercado. Os apartamentos que ficaram em aberto foram assumidos pelos próprios condôminos. Aqui se comprova a tese de Otacílio Coser, de que a maior malandragem é ser honesto, marca registrada dos empresários bem sucedidos! Peter Drucker, nosso mestre maior, repete muitas vezes em seus escritos que a consistência, o foco no negócio, em sua identidade, é um dos ingredientes mais preciosos de qualquer receita.

Hoje, a Galwan é uma das líderes do mercado no sistema cooperativo de construir, reconhecida especialmente pela qualidade dos empreendimentos. Já diz o ditado: água mole em pedra dura, tanto bate até que fura. Uma lição que José Luís Galvêas Loureiro aprendeu muito bem, fazendo com que os sonhos de criança pudessem se concretizar. Teimosia ou persistência?

José Luiz Dantas e a UVV

Inovação, ousadia e trabalho

Num passado recente, falar de lucro em educação era um tabu. Hoje, grandes instituições de ensino superior têm, até por sobrevivência, essa necessidade de sucesso empresarial. A Fundação Dom Cabral, a ESPM-SP, o Ibemec e até a FGV-SP (que há poucas décadas quase fechou as portas por falta de recursos) são instituições com notório prestígio acadêmico, mas agora, também, muito lucrativas. José Luiz Dantas faz parte da nova geração de educadores que, com ações de gestão e estilo empreendedor, aposta no sucesso da fórmula que atrela a forte infraestrutura com a competência e eficácia institucional como importantes aliados no processo de excelência acadêmica.

Inovação, ousadia, muito trabalho, dedicação e organização. Esses são os pilares que sustentam todo o sucesso da Universidade Vila Velha (UVV-ES). Fundada em 1975 pelo professor Aly da Silva, a Instituição começou a funcionar em 05 de março de 1976, mas só iniciou oficialmente as suas atividades acadêmicas em abril do mesmo ano, quando obteve a autorização do Conselho Federal de Educação (CFE) para ofertar seu primeiro vestibular. Na época, a burocracia para isso era tão grande que foi necessário fretar uma caravam para levar os documentos até Brasília (DF), onde seriam protocolados, dando entrada ao processo. "Foram 700 kg de papel!", lembra José Luiz Dantas, atual presidente da Sociedade Educacional do Espírito Santo (SEDES/UVV-ES), mantenedora da Universidade Vila Velha - Espírito Santo, UVV-ES, a primeira Universidade do Estado!

Na ocasião, com apenas 21 anos, ele já começava a se envolver nas atividades da família, em meio à grande desconfiança do mercado e dos seus pares diante de sua pouca idade. Com o nome de "Centro Superior de Ciências Sociais de Vila Velha", a instituição já oferecia os cursos de Direito, Ciências Contábeis e Administração. Ainda sem sede própria, as aulas eram realizadas nas instalações do Grupo Escolar Vasco Coutinho, no município de Vila Velha, onde a instituição funcionou por 10 anos, por meio de convênio com o Governo do Estado. "A ousadia já começava aí. Sem muitos recursos, iniciamos nossas atividades com muita coragem, investindo em educação numa cidade que ainda não tinha vida própria. Vila Velha era conhecida como 'o dormitório de Vitória', em razão de a grande maioria de seus moradores trabalharem e estudarem na capital".

Nesse contexto, foi preciso vencer algumas barreiras. "Não tínhamos muitos recursos financeiros, mas o nosso capital intelectual era muito grande, pois o nosso corpo docente concentrava os melhores nomes da academia capixaba, o que chamou muito a atenção do Conselho Federal de Educação, facilitando a obtenção dessa autorização para funcionamento. Como dizem os universitários americanos a respeito de suas instituições, a *alma mater* da UVV é, até hoje, a excelência pedagógica, que é a sua marca registrada e o seu posicionamento mercadológico. Tivemos êxito em Brasília por puro mérito acadêmico", relembra José Luiz Dantas. Foi preciso muita persistência para continuar a caminhada rumo aos objetivos de crescimento visando a um futuro em que a UVV deixaria de ser apenas um centro de ciências sociais isolado e passaria a ser um centro universitário plural e, posteriormente, a primeira Universidade de Vila Velha e do Estado do Espírito Santo. Aliás, como ele afirma, "a primeira e única Universidade 100% capixaba, já que a Ufes é federal e ainda pertence à União, com todo respeito, é claro".

"Foram incontáveis as falhas que absorvemos, bem como as muitas tentativas frustradas. Especialmente em decorrência da incompreensão alheia, daqueles que se assustam ao se deparar com o novo e com os desafios de empreender aquilo que ainda não foi tentado", avalia. Mas eram em situações como essas que o espírito inovador do empreendedor se renovava, falando mais alto, e fazendo com que tais dificuldades se tornassem menores a ponto de servir como combustível para novas iniciativas. "Todos os problemas pelos quais passamos acabaram por consolidar a nossa trajetória, ampliando nossos horizontes e permeando, como tempero, boas experiências, belas passagens, muito aprendizado e outras portas abertas para nossas novas conquistas."

Um dos momentos relevantes aconteceu no início da década de 1990, quando da gestão de Carlos Chiarelli como Ministro da Educação do Governo Collor. O país vivia um período econômico desconfortável, pós Sarney, e a UVV já estava sendo amplamente afetada. Eram necessárias medidas mais drásticas para fazer com que a instituição retornasse para uma situação financeira confortável e voltasse a sonhar com o futuro. Nessa ocasião, foi necessária mais uma boa dose de ousadia para reverter o cenário e transformá-lo no que viria a ser um dos grandes cases nacionais de educação, à época.

Tendo experimentado a vivência no exterior e observado muito o comportamento dos universitários norte-americanos dentro dos diversos campi da Califórnia (EUA), José Luiz decidiu arriscar e trazer um pouco dessa experiência para sua nova realidade. Ele convocou os estudantes para várias reuniões, das quais participaram, em massa, os representantes de turmas de vários cursos da UVV. Lá ele expôs, de forma clara e transparente, a real situação da instituição. Os alunos apresentaram suas solicitações de melhorias, fizeram as reclamações e também alguns pedidos. Em meio à negociação e aos debates, a instituição conseguiu aprovar um reajuste de 54% nos valores das mensalidades praticadas, firmando um compromisso com o alunado para implantar as melhorias solicitadas por eles, conforme as prioridades estabelecidas pelos próprios. "Instituições do país inteiro entraram em contato conosco para saber o que tínhamos feito para colocar em prática o texto da Lei de Livre Negociação, estabelecida pelo Governo Federal para os reajustes das mensalidades escolares", relembra.

"Ao jogar aberto com os nossos alunos, reforçamos a confiança que eles já tinham em nós e apresentamos um plano de crescimento. Conseguimos instituir o famoso espírito americano de 'vestir a camisa da universidade', com orgulho. Vivi isso de perto em minha experiência na Califórnia (USA) e, honestamente, nunca pensei que fôssemos conseguir ver isso acontecer aqui no Brasil - quem diria! - em Vila Velha, por conta de uma cultura subdesenvolvida, que ainda existia naquela época", pondera José Luiz Dantas. Esse "espírito universitário" permanece até os dias de hoje e traz bons frutos para a UVV, que é atualmente umas das melhores instituições de ensino superior, por desempenho nos campeonatos esportivos universitários em todo o país, representando o Espírito Santo nas maiores e melhores competições internacionais e formando muitos atletas de alto desempenho. Por isso, a sua relação com os alunos, vistos como verdadeiros clientes, só evoluiu para o bom espírito de equipe, de família mesmo. Dentro da máxima do grande mestre Peter Drucker, de que o objetivo principal do marketing é criar consumidores, para transformá-los em verdadeiros clientes, cada vez mais fiéis, felizes e cooperativos.

Se o trabalho duro e a dedicação são os outros dois pilares que sustentam a trajetória da UVV, são também as características mais marcantes de outro momento histórico da instituição e de José Luiz Dantas, como seu empreendedor. Com o desenvolvimento do município de Vila Velha e o crescimento de todo o Estado, outras instituições de ensino superior começaram a se interessar em atuar na cidade e na Grande Vitória, acirrando a concorrência. Foi quando apareceu, então, a necessidade de uma ação mais agressiva para apresentar aos futuros alunos os diferenciais da UVV. Diante dessa demanda, José Luiz Dantas elaborou uma campanha de vestibular focada na divulgação nos principais veículos de massa da época: televisão, jornal impresso e rádio. A campanha foi um enorme sucesso, fazendo aumentar consideravelmente a procura dos alunos e a concorrência entre cursos ofertados e abrindo o mercado publicitário para tantas outras instituições de ensino superior que desejavam valorizar os seus diferenciais.

Entretanto, essa não era ainda uma prática comum no mercado. Esta ação, pois, despertou um grande desconforto na concorrência, que fez uma denúncia formal contra José Luiz Dantas e a UVV no Ministério da Educação (MEC). O argumento era de que ele havia se utilizado de práticas que inibiriam a concorrência e, portanto, prejudiciais ao mercado. Ele teve que ir até a Demec apresentar esclarecimentos e, com argumentos muito bem embasados, foi absolvido, recebendo ainda, posteriormente, o pedido de desculpa do delegado nesse processo. "Fomos os precursores do marketing educacional, estimulando instituições do Brasil inteiro a divulgar diferenciais dos seus cursos no processo seletivo. Apesar de toda a tensão que vivemos naquele período, o resultado nos deixou muito orgulhosos." Esta atitude moderna, desbravadora e muito corajosa, temerária até, faz parte do estilo e da filosofia de vida de Dantas que – sem esquecer a herança paterna da qualidade – pratica a ousadia e a determinação como caminhos para ultrapassar barreiras, alterar estagnação, superar paradigmas e seguir sempre inovando, considerando a vanguarda como um componente para o sucesso.

Em 2001, por ação do então presidente da República Fernando Henrique Cardoso, a UVV se tornou Centro Universitário, um passo intermediário a caminho da condição de universidade que ocupa atualmente. Hoje, são oferecidos 53 cursos superiores, além dos mais de 35 programas de pós-graduação *lato sensu*, sete MBAs, cinco mestrados e um doutorado. Pelos três *campi* da instituição, todos em Vila Velha, passam mais de 650 professores, 200 pesquisadores e 12 mil alunos diariamente. Isso tudo é resultado de muita luta, organização e trabalho. "Nós nunca nos acomodamos. Sempre tivemos confiança e acreditamos no nosso potencial para buscar os resultados positivos. Ao nos acostumarmos com um cenário menor, estaremos sempre restritos a ele. Ao buscarmos referências fora, passaremos a nos desafiar constantemente e caminhamos para a tão desejada excelência em todas as ações que desenvolvermos e desafios que ousarmos ultrapassar empreendendo esforços", arremata.

O curso de Medicina, um dos últimos a fazer parte do quadro acadêmico da UVV, é hoje um dos carros-chefes da instituição, tornando-se, em pouco tempo, o seu cartão de visitas e o padrão de referência para outras instituições que desejam abrir o curso. "Nos últimos processos seletivos, chegamos a registrar uma concorrência com mais de 60 candidatos por vaga, muito mais do que o visto em todas as outras instituições de ensino superior do Estado". O sucesso do curso é atribuído por José Luiz Dantas à metodologia aplicada. "Os alunos frequentam módulos dinâmicos, com a prática desde o primeiro período, e há médicos tutores para cada grupo de alunos. São 121 professores à disposição dos 600 acadêmicos. Nossa Policlínica já é credenciada pelo Sistema Único de Saúde (SUS) e oferece atendimento integral à comunidade. Recentemente, fomos também credenciados, através do Himaba, nosso hospital público e de ensino em Vila Velha, para o oferecimento de um programa de residência médica. Vale lembrar que o curso é tão bom que já foi reconhecido pelo MEC, com conceito quatro, muito antes de formar a sua primeira turma de médicos", ele conta todo orgulhoso.

Em uma trajetória marcada por grandes tomadas de decisões e por quebras de paradigmas, é natural que haja alguns arrependimentos. Mas esses são todos tratados com muita sabedoria por José Luiz. "Muitas decisões poderiam ter sido ainda melhores se naqueles momentos tivéssemos obtido mais informações e pontos de apoio mais consistentes. Mas aí está toda a beleza de elas terem sido tomadas daquela forma à época, pois exigiam que essas ações fossem empreendidas para que tudo continuasse seguindo na direção correta. Trabalhando em todos os arranjos produtivos e realinhando alguns procedimentos, reposicionando metas de médio e longo prazo, as estratégias e os objetivos traçados, no decorrer do planejamento e na medida em que você for aplicando essa jornada, tudo lhe permitirá aprender muito mais com os erros e cochilos, que o ajudarão a fomentar outros importantes acertos."

Durante toda a caminhada de um líder, uma função que assume gostar muito de exercer, José Luiz Dantas pondera que muitas dificuldades vão surgindo naturalmente. Para ele, os imprevistos, aquelas questões não consideradas num *master plan* são as principais delas e devem ser consideradas. "Situações não pensadas ou contempladas num planejamento estratégico estabelecido para alcançar as metas e os objetivos traçados, bem como os imprevistos externos que possam desestabilizar a economia e sacudir a ordem social desconstruindo cenários e impedindo a aplicação dos projetos serão os grandes entraves que um empreendedor poderá encontrar." Dantas exerce, na prática, o moderno aforismo de que não existe "um Plano B"... O único plano é "A": o do sucesso, com todas as letras, as formas e os números, mas sempre com muita tranquilidade e o conteúdo para se sustentar!

E, como já visto em outras receitas, é em meio às dificuldades que um verdadeiro líder desponta. "Eu gosto dos desafios e me sinto estimulado a repensar as estratégias e os novos caminhos, logo, ou quando ao longo do desenvolvimento das ações possamos ser surpreendidos por questões que exijam um poder de síntese, imaginação e muita criatividade para inovar e buscar soluções até então não consideradas. Nas crises, nós acabamos por alcançar mais maturidade, e elas ainda permitem mais crescimento e outras oportunidades que até então não haviam sido observadas corretamente. O que mais nos impulsiona para o desenvolvimento são justamente nossas dificuldades e todos os desafios", avalia.

Para José Luiz Dantas, são poucos os itens que compõem a receita de sucesso da UVV. Entretanto, apesar de simples, a mistura desses ingredientes possui um resultado real muito saboroso. "Amor pela vida, disposição para correr riscos, desejos sinceros e honestos de realização pessoal e profissional, força de vontade, garra, disposição e muita atitude." Juntando tudo isso a uma equipe competente, unida e apaixonada pelo que faz, conseguiu construir a primeira universidade do Espírito Santo, um orgulho para a família de educadores e, como bem frisou o Governador Renato Casagrande, "é um motivo de grande satisfação para nosso Estado e uma conquista importante para o povo capixaba".

Para aqueles que estão iniciando seu caminho no empreendedorismo, José Luiz Dantas facilita e dá algumas orientações. "Faça o que fizer, seja em que área for, haja com a alma, com paixão, com entrega e com bons propósitos, procurando a excelência nestas ações e os bons valores nas suas atitudes sendo generoso e transparente com a sua capacidade e tendo referências claras de até aonde deseja chegar. Sem idolatria, saiba escolher como e de que maneira quer focar os seus esforços para que os seus objetivos aconteçam. Principalmente, respeite sua personalidade e não se destrua para alcançar a qualquer preço, tudo o que, certamente, você vai conquistar por puro merecimento". Os ciclos da vida, pois, têm um tempo próprio, que nem sempre é o que você considerou. "Aprenda a repartir suas angústias e glórias com os que colaboram nessa maravilhosa caminhada, distribuindo tarefas, mas concentrando no seu pensamento o conjunto de sua obra. Positivando sempre: 'Serei capaz, vou fazer, vou superar dificuldades, vou trabalhar mais, vou conseguir conquistar e eu sei que vou vencer'!".

Como todos os líderes de sucesso, Dantas soma a exigência e a mão forte com respeito aos profissionais de sua equipe. Orgulha-se hoje de colocar o emblema da UVV junto a um seleto grupo de instituições de ensino superior, exemplares no Brasil e no exterior. E de continuar, com orgulho, o sonho iniciado pelo Professor Aly da Silva, com o mesmo vigor, entusiasmo e idealismo, mas com a sua pitada de irreverência, coragem e ousadia.

Lucas Izoton e a Cobra D'Água

O mundo é dos ousados

Terceiro irmão de um total de quatro, nascido em uma família modesta cujo pai era motorista de táxi e a mãe que, nas palavras do empreendedor, "era faz tudo no lar", nasceu em Vila Velha, Espírito Santo. Esse canela verde, orgulho para o seu estado, que viria a ser respeitado no Brasil e no mundo (já realizou mais de mil palestras em quatro continentes), herdou dos pais, pela origem modesta, o esforço de superação. Naquela época, com poucos recursos, o patriarca jamais abdicou de que os filhos estudassem e fossem, todos, graduados.

"O dia para mim começa cedo. Acordo às seis da manhã, tomo café e sigo para o trabalho. Nesse dia, em especial, ao sentar-me à minha mesa, já encontrei alguns bilhetes do dia anterior, pois havia saído mais cedo para uma reunião no Sindicato das Indústrias de Confecção do Espírito Santo, entidade na qual ocupo a posição de presidente.

Havia também relatórios da área financeira, comercial e industrial e o resumo de todos eles podia ser traduzido numa única palavra: 'pepino'. Eles registravam altos índices de inadimplência de clientes, identificavam os fornecedores que não tinham entregado a mercadoria solicitada, o que acarretaria atraso de nossos pedidos para os clientes, entre outros.

Para complicar a situação, percebo que terei que recorrer aos bancos para equilibrar o caixa da empresa, apesar dos juros extorsivos que eles estão cobrando.

Às nove da manhã decido tomar um café, mas ele desce amargo, apesar do adoçante usado. Acabam de me avisar que foi descoberto um problema na linha de produção que provocou grandes perdas para a empresa.

Há, também, conflito entre funcionários, uma fila de pessoas na porta me procurando e um telefone que toca a todo instante. Além disso, a todo o momento, a secretária avisa que estão chegando pessoas na recepção querendo falar comigo sem marcar hora e que vão embora chateadas porque não foram atendidas.

Às 10 horas as minhas filhas ligam brigando por causa de bobagens ou em desespero porque deixaram o dever de matemática para a última hora e agora não conseguem fazê-lo. O pai, é claro, é a última salvação, pois a mãe, já cansada destes esquecimentos familiares, jura que desta vez não vai socorrê-las e passa o abacaxi para mim. Afinal, pai não é só para fazer filhos, tem que criá-los também.

Já no fim da manhã, quando se consegue delinear o quadro complicado e buscam-se pessoas da empresa que possam ajudar a resolvê-lo, descobre-se que estão fora, com outros compromissos profissionais, ou nos lembramos que acabaram de sair de férias.

Em meio a essa balbúrdia, os telefones também ficam com as linhas congestionadas, especialmente o celular. O telefonema providencial do gerente de banco que, apesar dos juros, pode nos socorrer do aperto momentâneo, não chega.

Quando o telefone resolve voltar a funcionar, quem liga são os representantes pedindo adiantamento, ou o cliente reclamando que sua mercadoria foi violada no transporte, ou a secretária da Federação das Indústrias do Espírito Santo lembrando que a reunião vai começar e que quase todos os seus participantes já chegaram. Não há como participar. Hoje, a prioridade é da empresa.

Às 15 horas, decido sair da sala e percorrer a fábrica. Na expedição, outra bomba. Ao verificar o atendimento de pedidos, descubro mercadorias paradas na produção por vários motivos. Logo neste dia não há faturamento ou vai ser mínimo.

Às 17 horas, volto para minha sala e faço uma reunião emergencial com a área industrial. Às 18, chamo o Gerente Comercial para resolver novos problemas da área de vendas. Lembro-me que fiquei sem almoçar.

Às 19 horas, sobra algum tempo para ver o que chegou à minha mesa durante todo o dia. É também quando tento retornar algumas ligações recebidas. Lamentavelmente, poucos são os que ainda estão em seus locais de trabalho.

Num intervalo dessas ligações, recebo a chamada de uma das minhas filhas que gostaria de jantar fora e reclama que eu ainda estou na empresa. Ela me recrimina pela falta de atenção.

Às 21 horas paro, tento refletir sobre esse dia de cão e concluo que o melhor a fazer é ir para casa. Registro as pendências, faço algumas anotações e dou por fim mais uma árdua jornada de trabalho.

Quase às 22 horas, saio da fábrica. No caminho para casa, passo em frente ao restaurante Old Town, do meu amigo José Dias Lopes, vejo outros amigos e não resisto.

Paro para desanuviar a cabeça com o papo furado, mas extremamente agradável, da turma. Mesmo sabendo que à noite sonharei com os pepinos que ficaram para o dia seguinte. Pelo menos naquele instante eu consigo relaxar.

Por volta das 23 horas, sigo para casa. No caminho, lembro das recomendações do cardiologista: 'Procure ter mais qualidade de vida, caminhe, coma mais verduras e cereais, fuja das gorduras e do sedentarismo, elimine o estresse, trabalhe menos, não abuse de bebidas alcoólicas etc.' É, falar é fácil, difícil é seguir as recomendações! Minha esperança é de que o dia de amanhã não seja novamente um dia de cão".

Quem diria que um dia, Lucas Izoton, esse empreendedor, empresário, engenheiro (com vários cursos de especialização no Brasil e no exterior), dotado de reconhecida habilidade em gestão, articulista, escritor, fotógrafo amador e palestrante requisitado viveu esse "dia de cão", como ele próprio intitula. O trecho que abre esse texto foi extraído de um dos seus livros, "O Voo da Cobra", e descreve uma fase de sua vida no início da década de 1990.

A situação descrita pelo próprio Lucas ressalta o que diferencia um empreendedor e antecipa alguns desafios que virão pela frente. Empreendedores como Izoton distinguem-se dos demais por se mostrarem capazes de ter a autoestima elevada e uma necessidade irreprimível de independência. Além de, claro, superarem provas e obstáculos.

Terceiro irmão de um total de quatro, nascido em uma família modesta cujo pai era motorista de táxi e a mãe que, nas palavras do empreendedor, "era faz tudo no lar", nasceu em Vila Velha, Espírito Santo. Esse canela verde, orgulho para o seu estado, que viria a ser respeitado no Brasil e no mundo (já realizou mais de mil palestras em quatro continentes), herdou dos pais, pela origem modesta, o esforço de superação. Naquela época, com poucos recursos, o patriarca jamais abdicou de que os filhos estudassem e fossem, todos, graduados.

Aos 10 anos, Izoton vendia refresco numa feira livre ("meu debut como microempresário", relembra bem humorado). Aos 12 anos lançou sua primeira iniciativa ousada: propôs ao pai que suspendesse sua mesada e em troca ele seria o lavador de seu táxi. Na mosca! Ambos ganharam. O pai porque não teve mais despesa com a lavagem do veículo nem com a mesada de Izoton, e ele porque quadruplicou os seus rendimentos. Além, sobretudo, do seu ganho passar a vir do seu suor. Do seu trabalho.

Aos 14 anos, ajuda a mãe a vender produtos de perfumaria, ação que ele considera como sua "primeira experiência na área administrativa e de vendas". Aos 16 anos, tornou-se autônomo (já exercitando independência, qualidade que Lucas considera um atributo do empreendedor). Tornou-se artesão de couro fabricando artigos para vender em lojas e diretamente a consumidores finais.

Dessa época, Izoton rememora: "passei a fabricar bolsas, carteiras e sandálias para vendê-las em boutiques. A moda da época eram peças rústicas, sem muito acabamento. Isto era bom para mim, pois tinha pouca habilidade manual e conhecimento reduzido do assunto. Consequentemente, produzir as peças com qualidade, manejando todos aqueles instrumentos cortantes, era um sacrifício muito grande".

Aos 18 anos, já na universidade, passou a trabalhar como professor no Colégio Marista (em Vila Velha-ES), onde estudou praticamente a vida toda. Esse retrospecto parece simples, mas quem lê "O Voo da Cobra" poderá sentir todo vigor produtivo desse extraordinário empreendedor.

Hoje, Izoton é vice-presidente da Confederação Nacional da Indústria (CNI), presidente do Conselho Temático da Micro e Pequena Empresa (Copem), foi presidente da Federação das Indústrias do Espírito Santo (Findes), presidente e diretor regional do Sesi-ES, presidente do Senai-ES, presidente do Conselho Deliberativo do Sebrae-ES, presidente do Conselho do Instituto Jutta Bariste da Silva (IJBS), diretor geral do Instituto Rota Imperial (IRI), presidente do Conselho da Associação dos Dirigentes de Marketing e Vendas do Brasil (ADVB-ES). É consultor e instrutor credenciado pela Organização das Nações Unidas (ONU) e consultor credenciado para o Programa de Empreendedores (Empretec) do Sebrae-ES. Suas palestras sobre temas como Gestão Participativa, Empreendedorismo, Inovação, Estratégia e Desenvolvimento Empresarial já alcançaram mais de 150 mil pessoas. Foi, também, um dos fundadores do Lions Clube de Vila Velha Praia e de diversas ONGs.

Mas seu grande case de sucesso começa mesmo com a marca Cobra D`agua!

A COBRA D´ÁGUA QUE ALÇOU VOO

Produzindo e comercializando produtos para o público jovem masculino há 24 anos, a marca Cobra D'agua é sinônimo de inovação e sucesso junto aos consumidores do país.

Presente em mais de 12.000 pontos de venda, em 1.800 municípios dos 27 estados brasileiros, a Cobra D'agua tem como missão satisfazer, encantar e surpreender o consumidor. É uma marca de moda jovem que atua com três grandes públicos alvos na linha masculina - jovem, adulto e juvenil -, e com o público jovem na linha feminina. Atletas, inclusive renomados, ou simpatizantes de esportes, vestem Cobra D´água, eleita em 2010 pela Câmara Nacional de Dirigentes Lojistas a principal marca de moda jovem no estilo balneário do país.

Confirmando esse estilo, todas as expressões da marca para o mercado seguem os seis "S" da Cobra D'agua: *Sand, Sun, Sound, Sports, Sensual* e *Smile*. Os sentimentos de agitação, aventura, liberdade e emoção estão intrínsecos nos valores da marca, que busca atender aos anseios de jovens felizes, alegres, de coração leve e de bem com a vida. Para isso, a comunicação da marca privilegia o intangível, transmitindo sentimento, emoções, experiências e histórias.

Além de investimentos em mídias impressas e eletrônicas, a Cobra D'agua pratica ações ligadas ao seu estilo de vida, bem como em esportes associados ao conceito da marca, como vôlei de praia, surf, bodyboard, kitesurf, sandboard, beach soccer e outros. Antenada com os movimentos dos jovens, a Cobra D'agua desenvolve um trabalho diferenciado nas mídias sociais com páginas no twitter, facebook, orkut, youtube e my space.

Fundada em 1982 por Izoton e sua esposa, a advogada e estilista Célia Vieira, a marca já foi usada por cerca de 10 milhões de consumidores no Brasil e em diversos países, gerando 1.400 empregos diretos e indiretos. Além da unidade industrial própria em Santa Inês, Vila Velha-ES, possui indústrias licenciadas no Rio de Janeiro, São Paulo, Minas Gerais, Mato Grosso do Sul, Santa Catarina e Amazonas.

O Grupo Izoton também atua no ramo de empreendimentos imobiliários e hotelaria, todos na região de Pedra Azul, Domingos Martins, no Espírito Santo. Um dos projetos, o Villaggio d´Italia Residencial, SPA & Resort recebeu o Prêmio ADEMI-2011 como melhor conceito arquitetônico em construção na região. O Bristol Vista Azul, um charmoso eco resort com 72 unidades hoteleiras e 154 unidades residenciais, que será inaugurado até 2015, é o mais recente empreendimento do Grupo.

RECEITA DE SUCESSO DE LUCAS IZOTON

Entusiasta do empreendedorismo jovem (é incentivador e participante da Júnior Achievement-ES), Izoton crê nesse tipo de comportamento como fator de transformação social.

Reconhecendo que não há receitas prontas, senão premissas, o empreendedor compartilha práticas e atitudes que o conduziram ao sucesso. Mesmo porque, segundo o empresário, a ordem do momento neste mundo globalizado e hiper-competitivo, "é estar de ouvidos bem abertos para conhecer experiências alheias, para escutar todos os conselhos, extrair os mais importantes e usá-los, sem culpas ou preconceitos". Observa que saber ouvir as críticas, principalmente as dos clientes, evita prejuízos significativos e supera a mais cara pesquisa.

Como a vida do empreendedor é dinâmica, não leia as "recomendações" a seguir em ordem de prioridade, mas antes como um concerto no qual os acordes se ajustam numa sintonia perfeita.

· Dentre seus "conselhos", em primeiro lugar o mais universal de todos: faça o óbvio. O sucesso vem para quem faz o óbvio na hora certa.

· Tenha uma crença muito forte: independente da sua opção religiosa, acredite em Deus. Confie e nos momentos de dificuldades (que sempre virão!), Ele o ajudará a encontrar forças e autoconfiança para superar os obstáculos.

· Sonhe: seja ousado nos seus sonhos, mas transforme os sonhos em metas. E lute, lute muito, para realizá-los. O sonho sem ação é apenas ilusão, cuidado para que seu sonho não seja mero delírio ou devaneio.

· Seja feliz: compatibilize suas metas ousadas com o convívio da família e dos amigos. O êxito nos negócios, a qualquer preço não é válido. O verdadeiro sucesso de nossas vidas é sermos felizes, fazendo as pessoas que estão ao seu lado também felizes. A vida empresarial não deve ser obstáculo para a harmonia da vida familiar.

· Trabalhe no que você realmente gosta e faça a diferença: é fundamental atuarmos naquilo que nos dá prazer. Atue em funções onde o seu talento e desempenho são considerados acima da média, evitando atividades nas quais sua performance não seja adequada. E cita Confúcio quando afirma que quem trabalha no que gosta nunca trabalhará na vida.

· Analise a competitividade atual e futura do mercado: reflita cuidadosamente sobre as características do segmento escolhido e, se necessário, mude para outra área, mas com a qual também tenha afinidade e goste.

· Defina o seu nicho de mercado e seja muito bom nele: é ilusão querer satisfazer a todos durante todo tempo. No mundo dos negócios não adianta querer ter produtos ou serviços que sejam voltados para todo o mercado. As empresas bem sucedidas são as que focam seus esforços num determinado segmento e nele procuram ser o melhor. Querer ocupar todos os espaços quase sempre termina em fracasso. Tenha sempre como foco o seu público-alvo visando a satisfazer, encantar e principalmente surpreender seus clientes.

· Treine a si próprio e a sua equipe: treinamento não é despesa, é investimento, porém - fundamental -, treine para mudança de comportamentos. Inclusive o seu.

· Faça o seu próprio caminho. O caminho se faz caminhando: foi caminhando que Lucas Izoton aprendeu a importância da simplicidade, a ter consciência dos valores e crenças nas quais acredita, aceitar e saber conviver com suas próprias limitações, fraquezas e deficiências (sem sentimento de culpa), arranjar tempo para si mesmo e conhecer-se um pouco mais. Outros ingredientes são aprender a conviver com pessoas muito diferentes e respeitar os pontos de vista antagônicos de cada um e perceber a necessidade e a importância de trabalhar para a comunidade em que se vive. Também não ter medo de recuar quando descobrir que o caminho está errado, revisar sempre os planos, e curtir todos os momentos da vida tornando-a prazeirosa, além de cuidar de seu corpo exercitando-o e alimentando o espírito com a consciência da existência de um Artífice do Universo (Deus).

· Leia muito e siga exemplos: leia, e obtenha informações, em todos os tipos de mídia como revistas, livros, jornais impressos e on-line, textos sérios e de humor, ao mesmo tempo em que busca adquirir capacidade técnica, correndo riscos calculados. O hábito da leitura traz abertura intelectual para aprender e mudar nossa maneira de ver o mundo, a chamada "visão de mundo", tantas vezes quantas forem necessárias. Procure aproximar-se dos melhores profissionais, aprender com eles e tentar conhecer seus acertos e erros. Procure sempre informações e não tenha medo de perguntar.

· Defina sempre metas claras e específicas: defina metas de curto, médio e longo prazo sempre bem claras e desafiantes. Metas que sejam motivadoras, tendo sempre o cuidado de avaliá-las de tempos em tempos. Lembre-se de Alice no País das Maravilhas: "para quem não sabe para onde quer ir qualquer caminho serve".

· Pesquise muito e faça alianças estratégicas: o conhecimento é um ser vivo que se renova constantemente. Utilize todos os meios como livros, revistas, internet, visitas a empresas, elaboração de pesquisas e principalmente, opiniões dos seus clientes e até mesmo de fornecedores e concorrentes. Tudo pode ser importante na hora de elaborar um projeto ou tomar uma decisão estratégica.

· Planeje e controle suas atividades: para tanto, é importante alinhar equipe, integrando tarefas e os objetivos propostos. Comunique-se de forma simplificada. A partir daí, controle os resultados realimentando o processo e corrigindo os rumos quando necessário.

· Não tenha medo de tomar decisões: Decida! "Quem decide pode errar. Quem não decide já errou", sentencia um antigo e sábio ditado. Quando uma decisão for necessária, não tenha medo de optar por um caminho. Para o sucesso do empreendedor é fundamental a agilidade nas tomadas de decisões. Não tenha medo. A vida é feita de escolhas. Aprenda a dizer SIM e NÃO, sabendo sempre o ônus e bônus de cada decisão.

· Tenha confiança: só decide quem confia. A sua adversária, a autoconfiança, só é perigosa para os profissionais que, desestruturados, se lançam em atitudes "suicidas", achando que a sorte poderá estar ao seu lado. Tenha confiança. Lembre-se que se você tem prazer no que trabalha, fez uma boa escolha profissional, estuda e pesquisa profundamente o seu negócio, está atento às mudanças de mercado e procura aplicar conceitos modernos e eficazes de gerenciamento, não há por que viver amedrontado. Confie em si próprio e vá à luta. O mundo é dos ousados.

· Trabalhe duro e tenha comprometimento: trabalhar pouco e obter resultados rápidos é utopia de quem quer ser empreendedor. O caminho dos empreendedores é prazeroso, mas não suave. Sempre haverá a hora de abdicar do lazer, dos amigos e até mesmo da família. Normalmente, a sorte ajuda a quem trabalha muito.

· Relacione-se e atenda bem todas as pessoas independente do seu nível econômico e social: os laços de amizade, em quaisquer circunstâncias, nos negócios e na vida social são importantes. Seja gentil e honesto com todas. Amizade e bom atendimento criam a lealdade do cliente às empresas e, nos momentos de crise, nos aproximam dos amigos.

· Seja persistente; não desanime: não têm a menor chance de sucesso na carreira empresarial as pessoas que não possuem como princípio a persistência. Ela é como um fogo que não deixa a chama apagar. Abrir uma empresa é fácil, o difícil é mantê-la viva.

· Evite imobilizações e custos fixos. Terceirize ao máximo, fazendo parcerias e alianças estratégicas: é importante que os recursos próprios sejam direcionados para o capital de giro e que todas as imobilizações, quando extremamente necessárias, sejam financiadas, com prazos e juros compatíveis, através de bancos de desenvolvimento. Terceirize tudo que for possível liberando você para o objetivo fim da empresa: seus clientes.

· Motive sua equipe: tão importante quanto o cliente externo é o cliente interno. Desenvolva um eficiente trabalho de endomarketing e transforme seus funcionários em parceiros, garantindo o sucesso de sua empresa. Inspire sua equipe a sonhar os seus sonhos.

· Saiba que a diversidade enriquece: contrate pessoas que completem seus propósitos mesmo que possam divergir das suas ideias, mas que remem no mesmo rumo.

· Nunca esqueça que para multiplicar, primeiro é preciso dividir: só se cresce com muito investimento, especialmente em seres humanos. Tudo é feito por pessoas e para pessoas.

· Comprometa-se com você próprio e com seu negócio e, se necessário, sacrifique-se por ele. Não se esqueça jamais: quem engorda o boi é o olho do dono, já diz um velho e indesmentível ditado.

Por fim, uma recomendação, nem maior nem menor que as demais, porém muito pertinente: "o perfil do empresário individualista está em baixa. O espaço, hoje, está sendo ocupado por empreendedores que praticam o associativismo, que lutam pelo crescimento do setor em que atuam como um todo e que têm compromisso para com o ambiente onde estão inseridos. Sou um incentivador desta nova postura, ou seja, do empreendedor sustentável que busca a harmonia dos retornos econômicos, sociais e ambientais".

CONSIDERAÇÕES FINAIS

Lucas Izoton, escritor (e pensador), é autor de cinco livros: O Voo da Cobra, O Caminho Mágico, Gerenciando & Lucrando no Varejo, A Paz no Mundo Começa em Nós e Você Pode Ajudar a Salvar o Planeta Terra. Neste último, o autor mostra a dimensão planetária da sustentabilidade, dirigido para adolescentes, jovens e adultos, brindando o leitor com a descrição de 50 hábitos que, assumidos no dia a dia, podem contribuir para a melhoria da qualidade de vida da população mundial. No livro A Paz no Mundo Começa Dentro de Nós, o autor relata um pouco de sua experiência ao reviver os passos de Jesus Cristo na Terra Santa e revela toda a sua espiritualidade, sua reverência a Deus.

Lucas mantém escolinhas de vários esportes em diversos estados brasileiros, tendo fundado o Movimento Vida Nova Vila Velha (Movive) e a Associação Brasileira dos Amigos dos Passos de Anchieta (Abapa). Trata-se de entidade que, como o nome já diz, promove Os Passos de Anchieta, uma trilha de sucesso que constitui o quarto roteiro do gênero no mundo. Os outros três são o de Santiago de Compostela, na Espanha, cuja experiência foi relatada no livro O Caminho Mágico, sendo os outros dois a Trilha Santa, de Jerusalém, e o Caminho de Roma, na Itália.

Os Passos de Anchieta é um roteiro que dura quatro dias e reconstitui a trilha percorrida pelo Pe. Anchieta nos seus deslocamentos da Vila de Rerigitiba, atual Anchieta, litoral sul do Espírito Santo, à Vila de Nossa Senhora da Vitória - hoje a capital do estado, Vitória - onde cuidava do Colégio de São Tiago, atual sede do Governo do Estado. Pode ser percorrido andando-se, cavalgando-se, pedalando-se ou de barco. Todo o percurso é marcado por aspectos ecológicos, históricos, religiosos e culturais. Mais um sucesso de Lucas Izoton.

À guisa de um sumário...

Quando, pela primeira vez, Vladimir Godoy me deu a ideia deste livro, imediatamente eu reagi: "É coisa demais!" E foi mesmo. Mesmo apoiado por uma equipe maravilhosa, sem ela não haveria livro, não foi nada fácil. Foi, porém, extremamente prazeroso e enriquecedor. Um verdadeiro doutorado para mim... Com muita diversão.

Sem exceção, todos os líderes aqui focados emocionaram-se ao falar de suas vidas. Emoção à flor da pele é uma característica de todos eles! Não há liderança sem emoção. Não há sucesso sem emoção.

Fortes crenças pessoais, temperadas com uma pesada dose de perseverança e trabalho, são também traços comuns de todas as receitas. Amor e espiritualidade estão na cabeça e na mente de todos... Respeito, fruto do amor, está também em todas as bocas.

Família. Presente também em todos os entrevistados. Aliás, todos, sem exceção, começam sempre a falar de si próprios, citando sua herança familiar, as crenças e ideais que seus pais e familiares lhes passaram. Não precisa ser um psicanalista para perceber que a historicidade, de geração a geração, a todos orienta e inspira.

É claro que o sucesso econômico é um traço comum a todos eles. Para nenhum, porém, o dinheiro é o móvel de suas ambições ou a inspiração de suas realizações. Fazer a coisa certa parece ser a grande meta de todos, ser reconhecido pelo seu valor humano e empresarial, sem dúvida! Todos gostam de dinheiro, é claro, mas como consequência do bom trabalho. Nenhum Tio Patinhas entre eles... Também nenhum Pateta, é claro...

Possuir, treinar, motivar, liderar, enfim, uma equipe, está também na pauta de todos. Nenhum é um lobo solitário. Todos são solidários, isto sim! Formam e conduzem equipes, como maestros, como pais, como irmãos. Com autoridade, mas com amor. Com mão forte, mas com carinho e respeito. Com disciplina, enfim. Com seriedade, mas com alegria!

Um país, um mundo melhor, faz-se com criação da riqueza. Estes líderes, empreendedores, gestores, executivos, desejam e constroem um mundo melhor para seus filhos e descendentes bem como para seus pares concidadãos, para suas comunidades. Os ingredientes de todas as receitas variam muito pouco, e os resultados são idênticos: felicidade e prosperidade...

Vitória, 30 de outubro de 2012.

Ronald Z. Carvalho

Ficha técnica:

Fotografias:
Arquivo pessoal, Gustavo Zamprogno e Vladimir Godoy

Revisão:
Darlene Vianna G. Angelo Tronquoy
Christine Mendonça

Editoração:
Renato Heitor Santoro Moreira

Textos:
Lucas dos Passos
Ronald Z. Carvalho
Christine Mendonça
João Jorge de Oliveira

Criação e Artes:
Sergio Vitor Simas Farias Rangel
RCom Propaganda

Organizador:
Ronald Z. Carvalho

Assessoria e organização operacional:
CM Soluções em Marketing

Impressão:
Grafitusa